U0488834

纪晓岚
全集 第十卷

刘金柱
杨　钧　主编

中原出版传媒集团
中原传媒股份公司
大象出版社
·郑州·

目　录

纪晓岚佚文

编校说明 ·· 2
　乌鲁木齐赋 ·· 3
　奏详检删削并赔缮《尚书古文疏证》等书折 ······················ 9
　奏沥陈愧悔并恳恩准重校赔缮文源阁明神宗后诸书折 ············ 10
　奏请将文渊阁翻译册档移送热河一分等事折 ···················· 11
　奏敬拟添写总目款式进呈御览等事折 ·························· 11
　奏来热勘书完竣并查明阙失颠舛各书设法办理折 ················ 12
　奏恭报办理文津阁书匣等情形折 ······························ 13
　奏请修改文津阁书函折 ······································ 14
　奏撤去次等之书以为插入空匣之地片 ·························· 14
　奏文源阁书覆勘先完请将详校官等分别议处折 ·················· 15
　奏查《性理大全》错误请旨换写分赔折 ·························· 16

奏文渊阁书籍校勘完竣并进呈舛漏清单折 …………………… 17
奏前赴热河覆勘文津阁书籍情形折 …………………………… 17
奏拟续缮《四库全书》事宜十条折 …………………………… 18
请增额提前煮粥赈济河间等府进京灾民折(节选) …………… 20
奏为酌改考试《春秋》出题用传条例以劝经学事 …………… 21
谢畿辅展赈 ……………………………………………………… 21
恭谢天恩折 ……………………………………………………… 22
《杜律解》识语 ………………………………………………… 22
《四书疏注撮言大全》序 ……………………………………… 23
《东游纪略》序 ………………………………………………… 23
《安蔬草堂诗》序 ……………………………………………… 24
题唐泰山水卷 …………………………………………………… 25
题韵亭张公遗像赞 ……………………………………………… 25
致林育万书 ……………………………………………………… 25
致钱大昕书 ……………………………………………………… 26
致鲍树堂书 ……………………………………………………… 26
答洪良浩书 ……………………………………………………… 26
恭祝敕封文林郎培翁王老姻伯大人九袠荣寿序 ……………… 28
陈翰青先生七旬双寿序 ………………………………………… 29
皇清例赠武信郎庠生楚白王公暨元配高安人继配李安人赵安人合
　　葬墓系铭并叙 ……………………………………………… 31
皇清例授文林郎丁卯举人拣选知县子明郝公暨汤孺人潘孺人
　　合葬墓志铭 ………………………………………………… 32
赵母井宜人墓志铭 ……………………………………………… 34

皇清例赠武信郎候选卫千总廷锡韩公墓志铭 …………… 35
　　皇清敕封儒林郎原任山东城武县知县旭亭马公暨元配邢安人合葬
　　　墓志铭 ………………………………………………… 36
　　诰赠朝议大夫睿智陈公暨元配诰赠恭人冯太夫人墓志铭 …… 38
　　候选布政司理问貤赠儒林郎布政司经历陈公瀛西合葬墓志铭 …… 41
　　皇清诰授中宪大夫日讲起居注官左春坊左庶子提督陕甘学政芮君
　　　铁崖墓志铭 …………………………………………… 42
　　皇清诰赠朝议大夫湖广道监察御史加级尔惠孟公墓表 ……… 44
　　恭跋御赐题孙觉《春秋经解》七言律诗刻石 ………………… 46
　　问于曾子 ………………………………………………… 46
　　闵子骞曰上矣 …………………………………………… 47
　　所恶于前(节选) ………………………………………… 49

纪晓岚佚诗

编校说明 ……………………………………………… 52
　　戏题二首 ………………………………………………… 53
　　题侍姬沈氏遗照 ………………………………………… 53
　　题潘南田梅花绝句 ……………………………………… 53
　　题顾晴沙画 ……………………………………………… 53
　　题朱石君画 ……………………………………………… 53
　　题秋海棠 ………………………………………………… 53
　　《乌鲁木齐杂诗》补遗一 ………………………………… 54
　　《乌鲁木齐杂诗》补遗二 ………………………………… 54
　　汎宁刘胡氏节烈 ………………………………………… 54

题张开东扇致朱子颖	55
题《春风桃李图》	55
答陆平泉	55
吊宋秋圃先生	55
题三姓门生	55
小军机	55
八十戏题	56
题四库馆壁	56
题《芋花图》	56
周东屏初举销寒会用壁间韵见示即依韵答之	56
教　子	56
赋得"羌无故实"得"诗"字	57
赋得"花里寻师指杏坛"得"寻"字	57
恭和御制赋得"临风舒锦"元韵得"当"字五言八韵	57
恭和圣制赋得"春雨如膏"元韵得"讹"字五言八韵(戊午)	57
恭和御制赋得"怀德维宁"得"心"字元韵(癸亥)	58
无　题	58
无　题	58
友风子雨(庚申)	58
镜无蓄影	59
赋得"窗中列远岫"得"窗"字五言八韵	59
赋得"麦浪"得"和"字五言八韵(戊午)	59
赋得"山辉川媚"得"藏"字五言八韵	59

阅微草堂砚谱

编校说明	62
序　一	63
序　二	65
风字形砚(赐砚)	69
八角砚	71
长方形砚(一)	73
椭圆形砚(一)	75
长方形砚(刘墉赠)	77
长方形砚(聚星)	81
松花石砚(澄绿)	85
刘墉赠砚	88
绎堂赠砚	91
琴形砚(一)	94
瓜形砚	96
梯形砚(扪参历井)	98
长方形砚(刘墉赠)	101
长方形端砚(绿琼)	105
钟形砚(迦陵故物)	109
随形砚	111
挈瓶砚	113
琴形砚(二)	115
长方形砚(二)	117

长方形砚(三) …………………………………… 119

仿西汉五凤砖砚 ………………………………… 121

龙尾石砚(歙石) ………………………………… 125

长方形砚(宋砚) ………………………………… 127

风字形砚(一) …………………………………… 129

长方形砚(方池花月) …………………………… 131

长方形砚(四) …………………………………… 135

五蝠砚 …………………………………………… 137

葫芦形墨注 ……………………………………… 139

长方形砚(端砚) ………………………………… 142

鹤山砚(刘墉赠) ………………………………… 144

竹节形砚(汗简) ………………………………… 148

长方形砚(董相国赠) …………………………… 150

方形砚 …………………………………………… 152

不规则椭圆形砚 ………………………………… 154

椭圆形砚(二) …………………………………… 156

长方形砚(端溪旧石) …………………………… 158

竹节形砚(直上青云) …………………………… 160

长方形砚(卷阿) ………………………………… 162

长方形砚(青花) ………………………………… 164

荔枝砚 …………………………………………… 166

长方形砚(刘信芳赠) …………………………… 168

黄荣阁赠双砚 …………………………………… 170

云龙砚 …………………………………………… 172

自然形砚(雪集)	174
梯形砚	176
风字形砚(二)	179
长方形砚(黄昆圃旧物)	181
椭圆形砚(三)	183
圆形砚(甘林)	185
长方形砚(水田一)	189
不等边八角形砚(合浦还珠)	191
长方形端砚(伊墨卿赠)	193
巨砚	195
仿古抄手形砚(坦腹)	197
长方形砚(五)	202
桃形砚	204
长方形淄水石砚(一)	205
长方形淄水石砚(二)	207
长方形砚(月到天心)	209
圆角风字形砚(下岩石铭)	210
长方形砚(金水附日)	211
长方形歙石砚(眉寿)	213
圆角长方形砚(日观峰老衲)	215
椭圆形砚(石函)	217
风字形砚(淄水石)	221
长方形砚(月堤)	223
葫芦形砚(一)	225

竹形砚 ·· 227

琴形砚(三) ·· 229

长方形歙砚(龙尾) ······························· 231

椭圆形砚(四) ······································ 234

斧形砚(小斧) ······································ 236

葫芦形砚(二) ······································ 238

天然荷叶砚 ·· 240

方形砚(水田) ······································ 242

长方形砚(水田二) ······························· 243

长方形砚(澄泥仿瓦) ··························· 244

琴形砚(四) ·· 245

自然形砚(一) ······································ 247

不规则圆形砚(白龙堆石) ··················· 249

椭圆形砚(五) ······································ 250

不规则长方形砚 ·································· 252

自然形砚(二) ······································ 256

椭圆形砚(槐西老屋) ··························· 258

圆形赐砚 ·· 260

长方形砚(六) ······································ 262

长方形砚(蘠薇) ·································· 264

长方形砚(蒋春农赠) ··························· 267

梯形砚(羚峡石) ·································· 269

圭形砚 ·· 271

长方形砚(七) ······································ 273

自然形砚(三) …………………………………… 274

长方形仿宋砚 …………………………………… 275

长方形砚(八) …………………………………… 277

蕉叶形砚 ………………………………………… 279

方形五铢砚 ……………………………………… 281

长方形砚(九) …………………………………… 282

纪晓岚著述存目 ……………………………………… 283

纪晓岚生平与著述编年 ……………………………… 284

跋 …………………………………………………… 309

后　记 ……………………………………………… 311

纪晓岚佚文

编校说明

该卷由李忠智、孙建、李兴昌、张寿山、周林华辑佚、点校。

乌鲁木齐赋[①]

臣谨案:《周礼》:司徒掌天下之图,周知其地域广轮之数。盖古昔盛时,天下舆图悉上于内府,而又陈诗考俗,博采土风,以抒写见闻,咏歌闾恠。然渐被所及,止于六服,而外此略焉。虽诗纪来王,书载通道,方之沉潜汤漭,物隼。相如《封禅文》:"汤漭曼羡。"注:汤,没也;漭,泉号。被泽如内地者殊矣。自汉而后,以赋为古诗之流。缀文之臣,类多雍容揄扬。按地形摭方志,皆述中土之山川都会,而外域罕闻,他郡邑图经,盖无载及。重译者诚以声教未臻,罔克凿空撰述也。钦惟我皇上圣神广运,月胐同窟。以西,扬雄《长杨赋》:"西厌月胐。"罔不绥定。县遂古未附之遐方,县系于郡也。葳列圣待成之鸿业。葳,备也。《左传》:"以葳陈事。"而乌鲁木齐,爰隶籍版。皇心所烛,普覆同天。命儒臣纂《平定西域方略》《西域志》诸书,咸奉睿谟垂示,煌煌乎郅治之隆规,三五所未有也。夫斯土自为天朝赤子,俾昒爽得耀乎光明。昒,音勿。相如《难蜀父老》:"昒爽暗昧,得耀乎光明。"圣天子是彝是训,无异函夏。设官建学,制产定赋,行国而土著之,庐帐而城郭栋宇之。岁律暄和,污莱式辟。僻处之俗,蒸久于变,月异而岁不同。今者恭逢慈庆,薄海内外,敷福胪欢。惟兹昒雨益时,□年益康,物产益丰。蔚泳化摅怀,不歌而颂,亦下忱所以宣也。臣前以奉职无状,蒙恩薄谴,发往兹土,戴罪效力。庐此五年,俾得备览其幅员风物,与其民鼓舞作新,咏仁蹈德。兹奉恩纶,复回旧里,感激皇仁,倍万众庶。因于习睹之余,不揣捣昧,捣,音祷,无知貌。郭璞《尔雅序》:"不揆捣昧。"谨撰《乌鲁木齐赋》一篇,并图其地上进。其辞曰:

伊筠冲之沃壤,《广舆记》:"筠冲,古天方国。"宅六幕之金方。《汉书·礼乐志》:纷纭六幕大海。注:犹言六合也。大蒙襟乎女汜,《尔雅》:"日所出为太平,日所入为大蒙。"又云:"大蒙之人信。"依耐界乎婼羌。依耐、婼羌皆西域国名。见《汉书·西域传》。

[①] 录自清刻本《三州辑略》,参校1982年中央民族学院少数民族古籍整理出版规划领导小组编印的《新疆四赋》。

峈,音兕。杓首未分之野,杓,斗柄也,五至七为杓。訾娄不属之乡。訾,同觜,平声。觜觹,宿名;娄,星名。竖亥、大章之所不及步,《淮南子》:禹使大章步东极至西极,使竖亥步北极至南极。童律、大费之所莫能详。童律,禹臣;大费,伯益名。禹佐庚辰,古无渎,经禹治淮水,使水神名无支祁,授之童律、乌木田,皆不能制,授之庚辰,徙之。未闻流沙弱水之源,能穷诞溜。马观《瀛涯胜览》:"弱水三千,舟行遇风,一失入溜,则水弱沉溺。"宋张畅《河清颂》:"龙门诞溜。"汉屯戊己,汉置戊己校尉,屯田西域。不闻奄蔡康居之表,《汉书·西域传》:"康居去长安万二千三百里,不属都护。其西二千里奄蔡国,临北海。"悉入版章。翳此奥区,久沦月窟。窟,昌瑞切。颜延年诗:"月窟来宾。"牙驻昆弥,乌孙国王号。见《西域传》。城居伽利。木削笔而殊文,毳裁衣而异制。自开辟以来,安于睢盱嗢咿者,《鲁灵光殿赋》:"鸿荒朴略,厥状睢盱。"质朴之形。其岁月盖不可缀。懿圣主之重熙,洵亿载而一会。梏貳负于重岩,《山海经》:貳负杀窫窳,黄帝乃梏之疏属之山。脑窫窳于古塞。窫窳,音执俞。《淮南子》注:尧之时,窫窳封豨为人害。脑,陷其头也。张衡《东京赋》:"脑方良。"命方召而罙入,《毛诗》:"罙入其阻。"壮猷迈乎骠卫。骠骑,霍去病也;卫,卫青也。见《长杨赋》。葱岭不足镡,葱岭在敦煌山西,高大多葱。镡,音寻,剑口也。《东京赋》:"镡以大伾。"盐泽不足带。盐泽,地名。于是乎贵霜、大禄、骑君西夜之伦,贵霜等皆西域官名。见《西域传》。罔不延颈企踵,鳞集面内。天子为之经驻防,简侯尉,启簧序,范泉币。故乌鲁木齐之土,丕变胥匡,而坱圠庵蔼之观,坱,音养;圠,音揠。扬雄《甘泉赋》:"坱圠无垠。"注:广大貌。左思《蜀都赋》:"茂八区庵蔼。"注:翳荟也。羌难得而数计尔。其封域以外,东则道巴里坤,直抵哈密。瀚海维隍,玉门维阀,轨躅互摩,轮蹄麤集。麤,音杂。许善心《神雀颂》:"嘉贶麤集。"数千里而入瓜、沙,瓜州、沙州,敦煌地名。曾不宿舂而自给。仰北拱于神京,识长安之近日。西则雄镇屹屹,厥惟伊犁,建牙大帅,实莅实治。虎旅肃以万灶,龙庭蔚其千畦。北则冈峦纠纷,嶖呀崥岉。嶖呀,大貌。见《上林赋》。崥岉,高山也。见《灵光殿赋》。含溪怀谷,包原跨隰,伟鸿颢之设险,画九野而限穷发。《庄子》:"穷发之地。"注:不毛之地。登高一望,广莫无极。南则南山逶迤,丹嶂万里。以辟展为堂奥,以乌什为垣堳,吐鲁番键其户,库车、阿克苏介其冲。爰及叶尔羌、和田、喀什噶尔之境,里不可计,无不外表嵼崛以袭险,《南都赋》:"其山则崆峨嵼崛。"注:高峻貌。内辟膏沃以耕耰。盖西域之土,罔不燢朗拓落。《魏都赋》:"或燢朗而拓落。"谓高明广大也。而乌鲁木齐,实枢纽乎其中。第言其所治,则巨浸右萦崇峦,左峧径途,所亘二千余里,博克达山临河中峙。其河以东诸屯,则自七个打坂,跨济木萨而底特纳格尔。时特纳格尔今改阜康县。其河以西诸屯,则由宁边城洛克伦,爰暨呼图壁、玛纳斯、库尔喀喇乌苏、晶河之逦迤。宁边今改昌吉县,在迪化西九十里;洛克伦在昌吉西三十里;呼图壁在昌吉西九十里,有巡检司;玛纳斯在昌吉西一百七十里,今改绥来县,有靖边关;库尔喀喇乌苏在绥来县西四十里,有领队大臣;晶河在库屯西四百八十里。咸皆堤塍连脉,畗亩分绮。埴坟之拨如膏,《禹贡》:"厥土赤埴坟。"埴,黏土;坟,土膏肥也。径遂之夷若砥。遂,小沟。《周礼》:"夫间有遂,遂上有径。"辟莱作乂,亩收维秭。亩田宅乂者,亿兆其家。而于全壤,曾不足当引寻之咫尺。其山则杳兮巀岑,巀,音簪;岑,音吟。《南都赋》:"幽谷巀岑。"注:高峻也。崴兮莘峃,音学,山高石大。炉瀺甗歆,《上林赋》作甗锜甗也,上大下小有如甑之歆也。阴清阳燠,或百里而逦连,或数步而起伏。服畴者不能名,摘蓺者不胜录。翳红山嘴,壁立霞驳,霞,一作赧。郭璞《江赋》:"壁立赧驳。"鞠巍巍其超天,鞠,高也。扬雄《羽猎赋》:"鞠巍巍其隐天。"豇溟涬而一握。豇,至也。《甘泉赋》:"登椽栾而豇天。"溟涬,自然气。《庄子》:"大同乎溟涬。"河水苣苣,水声。《上林赋》:"苣苣上濑。"是控是束。博克达之作镇屹纲,维乎桂轴大府焉。迟迟奇旭,《甘泉赋》:"灵迟迟兮。"注:即栖迟也。帝德怀柔天文,孔倬辰良方望。《楚辞》:"吉日兮辰良。"《公羊传》:"天子有方望之事。"注:郊时望祀群神。茅蕝载肃,蕝,同蕞。《晋语》:"楚为荆蛮,置茅蕝。"注:谓束茅立之,所以缩酒。有司绕壝。音唯,土垺也。《周礼》:封人掌设王之社壝。而九州致精诚于祝嘏,神来格止,克绰永福。其水则漰濞滐滴,皆大波相激声。见《江赋》。滞沛渊沦,《上林赋》:"奔扬滞沛。"注:奔扬貌。渊,音弯。《江赋》:"泂邻渊濞。"注:还旋貌。河流孔滮。觞滥南山酾之纲纶,酾,音洗,分也。《汉书》:"乃酾二渠以引河。"汇之雷奔。当伏秋之盛涨,亦顺轨而洄漩。谯雉千仞,基置其溃。带崇墉而呀浚洫,呀,空貌。《西都赋》:"呀周池而成渊。"津洪流而堑重闉。汨乎顺阿,汨,于笔切,从日。《上林赋》:"汨乎混流,顺阿而下。"泌瀄山垠。泌瀄,音笔栉。《上林赋》:"逼侧泌瀄。"水相楔也。触穹石,激云根,驰波跳沫,空嵌旁穿。赴苇河之泱漭,泱漭,大也。《上林赋》:"过乎泱漭之野。"泛神委而拢长川。《江赋》:"表神委于江都。"拢,音垄,犹束也。见《江赋》。瀥滈滈以东注,瀥,音浩,水光白貌。《上林赋》:"瀥乎滈滈。"渺不知崖嗛之所存。嗛,鱼检切,崖也。《东京赋》:"设切崖嗛。"于是引湍带浃,大启新田。普淖伊蠢,《仪礼》:普淖。注:普,大也;淖,和也。德能大和乃有黍稷也。墱流如鳞。墱,小坎,水分派也。《魏都赋》:"墱流十二。"相泉流以滋土,化洒渠口,以敞云门。《蜀都赋》指渠口以为云门。又有醴泉神瀵,《列子》:终北国壶岭山有水涌出,名神瀵。协气氤氲。盥頮则荡邪而难老,枕洸则烋涌而常温。《魏都赋》:"温泉烋涌而自浪,华清荡邪而难老。"咸毕黄瑞而流润,宏坎德于璇源。扬雄《符命》:"黄瑞涌出。"尔乃城之内外,则栉比斥堠,亭跱廨宇。守土命吏,此焉抚绥。衢术互经,千甍万户。旗亭有阗,隐展行旅。阗,音有,连也;隐展,重车声。见《西京赋》。列队星繁,环货渊聚。扬袂已风,挥汗斯雨。纷僁嘉而鈇𧙕,僁嘉,音涩垫,喧杂也。《吴都赋》:僁嘉㗊㗊。鈇,音霹;𧙕,音规。《蜀都赋》:"鈇𧙕兼呈。"注:裁木为器曰鈇,裂帛为衣曰𧙕。平质剂以廉贾,《周礼》:"买卖以质剂。"注:谓两书一札,而别之。岂无织丽之芬葩,贵兹菽粟与布缕。陋射利之邪赢,制器良而背㾊。㾊,庾,上声,病也,恶也。《魏都赋》:"物背㾊而就攻。"其草则有阿魏一信,肃州、火州土产阿魏,振株独立,有臭气,人取其汁熬膏。可液可胶,味醇辛桂,馨秘申椒。马努芳芬,马努,状类人参,俗名鞑子参。储用尤饶。俪三桠与五叶,实中气之所蓣。桐君不及谱,陶隐居《本草》有桐君药录。长桑未尝料。《史记》:长桑君取采禁方书授扁鹊。秋采柳絮,珠累缀条。经风戾而襄襄,音思,华下垂也。《南都赋》:"敷华芷之襄襄。"浮乳碧于舜铫。舜,音舛,茶也;铫,音遥,温器。菌曰长寿,茂茂陵苕。茂,音锐,草生,初达之貌。《吴都赋》:"郁兮茂茂。"辅体延龄,希算松乔。其他蕰藕之所靖,蕰,音沤。《尔雅》曰:"蕰,华也。"蕰与敷同。藕,音育,茂也。《吴都赋》:"异荂蕰藕。"注:花开貌。华实之所毛,森莘以葱茏,莘,兹捐切,茂盛也。《南都赋》:"森莘莘以刺天。"争莛蔓而弥皋。其木则垂连亩、拔千寻，滃茸跃蔓，皆茂也。跃，音奥。《吴都赋》："滃茸萧瑟又卉木跃蔓。"癹拔骫委蔺蔘。癹骫，蟠戾貌；蔺蔘，枝竦擢也。《上林赋》："崔错癹骫。"又："纷溶蔺蔘。"循河堧以极目，翠千里之浓阴。火云韬耀于高枝，长风自鼓于密林。宜恢台之肜暑，选美荫以延清。若夫蕹魁瘣、音汇，枝节盘错也。供薪蒸，冬夏阴阳，周官是循。方辕以载，昕夕相輷。音囷，车轴相连也。《南都赋》："堤塍相輷。"橚矗者不改其葰茂，橚矗，长直也；葰，大也。《吴都赋》："橚矗森萃。"《上林赋》："实叶葰茂。"莩甲者益蔚其宗生。《吴都赋》："宗生高冈。"注：宗，类而生也。允矣泰媪，亿载之储蓄，泰媪，天地也。汉《郊祀歌》：泰元尊，媪神蕃釐。注：泰元，天神；媪，地神。供取材落实于昌辰。其果蓏则有蒲桃马乳，崖蜜莺含。蜜，樱桃。《尔雅》注：大而甘者，谓之崖蜜。《吕览》注：莺所食，故曰含桃。瓜名回帽，黄㼎尤甘。㼎，部田切。陆机《瓜赋》有黄㼎之语。其名葩则有缦华异种，缦华，即茉莉。佛书名缦华。石竹珠杞，芘芣剪锦，芘芣，音鼻缶，荍也。《尔雅翼》："一名锦葵。"燕支染紫，象谷重台，小囊贮米。《本草》：罂粟，一名米囊花。丽春应舞于清歌，《群芳谱》：丽春即虞美人，见人讴歌则摇曳如舞。鸭脚摅诚于同晷。鸭脚，葵名。羽类则花鸟藻其鞦臆，潘岳《射雉赋》："青鞦莎靡，丹臆兰綷。"注：鞦，夹尾间也；臆，胸前也。凤冠綷于矩朱。綷，杂采也。仙骥离纲而自舞，仙骥，鹤也。爽鸠脱镞而可呼。爽鸠，莺也。雕鹗鸷厉，搏击平芜。鹊止枯涩，乌翘毕逋。惟舞鉴之瑞翼，岁作贡于皇都。莫不聱耴皋泽，耴，鱼乙切，多也。《吴都赋》：鱼鸟声也。雕啄菰蒲，刷羽仪而引吭，倏湛淡以凌虚。湛淡，迅速貌。《吴都赋》："湛淡羽仪。"蹄类则牛牟驼圝，圝，音碣，驼鸣；牟，牛声。韩诗："椎肥牛呼牟，载实驼鸣圝。"兔跃鹿拔，狐祥翰翠，《吴越春秋》：禹有白狐之祥。《尚书大传》：散宜生之西海，取白狐青翰献纣。翰，莺鹄类。豕餍梓肥。《本草》：以梓叶饲猪，肥大。黄羊羬羊，觤羚髹髵。觤，音诡。《尔雅》："角不齐，觤。"羚，力冉切。《尔雅》疏：羊角卷。髹髵，毛多也。腾山之庐，则捷称青骹；音敲。《西京杂记》曰："猎狗青骹。"吠巷之猃，则惊噱悬蹄。《说文》：犬狗之有悬蹄者。孳六扰而贱奇畜，《周礼》："其畜六扰。"注：马牛羊鸡犬豕也。勤游牧而息蕃滋。又何必祈蹄刻蹄迒之理，《尔雅》："豕之迹刻，兔之迹迒。"迒，音航。衡物毛物羸之宜。《周礼》：山林动物宜毛物，原隰动物宜羸物。至于熬波飞雪,积润成霜,元滋素液,《魏都赋》:"墨井盐池,元滋素液。"浩漾相望。漾,以纪切,白也。见《魏都赋》。氓不识牢盆之给,《史记·平准书》:"因官器,作煮盐。官给牢盆。"注:名廪,煮盐盆。吏不启渠展之场。齐桓公有渠展之盐。见《管子》。任釜钟以挹彼□,洵坤络之无尽藏。惟流黄之稍绌,亦辇至以颉颃。其他铁山可冶,硝土多芒,均足利民用、备戎行。版丽黄图,人熙紫陌。涵醰粹之醇风,《魏都赋》:"宅心醰粹。"浸庞鸿之厚泽。吐气含和,群夷以怿。若夫丹陵华渚之揆辰,《帝王世纪》曰:尧生于丹陵。《河图》云:少昊母见大星下流华渚,感而生帝。紫罽金根之庆节。《后汉书》:太后法驾金根车,非法驾则乘紫罽軿车。三元铭柏之阳晁,《汉书》:"岁之元,日之元,时之元。"晁,古朝字。千炬传柑之令夕。辟万麞,喧五剧,鹤焰相辉,蚝膏互爇。《淮南子》:"取蚝膏为灯,置水中即见诸物。"裛慧地之四章,揆摩诃之一阕。茄卷芦叶吹之,张博望在西域惟得摩诃兜勒一曲。桃策昌鼓,都昙,似腰鼓而小,又曰答猎鼓,俗名楷鼓。见《古今乐录》。嗷吰拍格。倏缓节以安歌,竹丝肉其更迭。肉,而救反。匪徒备肄于鞮鞻,音提娄。《周礼》:鞮鞻氏,掌四夷之乐官。斯实衢谣而壤击。泳元化而释侏僸,《孝经·钩命决》曰:东夷之乐曰侏,西夷之乐曰僸。故按之凤琯而什协。三时农隙,讲武阅兵,幕开人肃,沙回蹄轻。剑华玉珥,甲耀金鳞。犀铠则寿逾三属,铠,甲也。《魏都赋》:"三属之甲。"《考工记》:"犀甲七属,兕甲六属,合甲五属。犀甲寿百年,兕甲寿二百年,合甲寿三百年。"鹤胫则彩烜重英。《吴都赋》:"家有鹤胫。"注:矛也,如鹤胫,上大下小。云笷则红阳紫燕,笷,音躐。《汉书·天马歌》:"笷浮云。"张协《七命》:"驾红阳之飞燕。"《西京杂记》:"文帝良马九,一日紫燕。"星流则赤羽青荅。《太公六韬》注:电影青荅赤羽,以铜为首。谓箭也。神枪电激,飞炮雷轰。近广泽而层波自涌,传深谷而万窍皆鸣。九天九地,奇正相生,指麾倏忽,变化有神,厥被风濡化,环乎牙门之外,盆树颔扶服,见《长杨赋》。颔,音蛤,叩头颐向上也。扶服,即葡萄。厣洪邕而憺威棱。《羽猎赋》:"醇洪邕之德。"憺,徒滥切,动也。汉武《与李广书》:"威棱憺乎邻国。"版安息兮吏条支,安息、条支,西域国名。大丕天兮崇以恢。奉慈禧兮普锡羡,《甘泉赋》:"锡允锡美。"注:锡,与也;美,饶也。下畅埏兮上溯垓。《封禅文》："上畅九垓,下溯八埏。"逖矣兹土之人,昔也石留,留与溜通。《战国策》:成皋,石溜之地。注:古作石留。龙荒草鞠;今厘汀隆,一作窳隆。窳,下也;隆,高也。《吴都赋》："窳隆异等。"田里场牧。昔也霄貌,《魏都赋》："霄貌蕞陋。"服卉耳鐻;音渠,金银器《山海经》:青要之山,神武罗司之,穿耳以鐻。今莘于胶,《东都赋》："俎豆莘莘。"莘,多也。胶,谓胶庠。藻志诗书。太和所扣,温逾黍谷。金风皆春,雪山弥燠。耆年曼寿,嘉种时熟。何瑞不穰,何生不育。矧萱宫之大庆,浸元黎以厚福。颂德轩闻,鞠跽蛾伏。考自古介繁祉者,惟是礼岳闻呼。观河受箓,固未有焘天阆之末光,《甘泉赋》："天阆决兮地垠开。"注:天门之闻也。丽坤垠之外轴。而浸润衍溢,酌醧觥而申华祝者也。辟瀛汜兮无际,淳蕞陋兮文治。汜布延洪兮安忥敜,忥,音豫;敜,音志。《东京赋》："厝多福以安忥。"注:喜也。沐浴孝熙兮亿万岁。

奏详检删削并赔缮《尚书古文疏证》等书折[①]

本月初八日报到发下阎若璩《尚书古文疏证》一部,臣等公同阅看,书内钱谦益、李清诸条,未经抽削,实属疏漏。臣纪昀另折奏请议处外,臣彭元瑞会同臣纪昀谨就各条文义,分别或删数字,或删全条,务使两人邪说不污卷帙,尽行削去。谨黏贴黄签,恭呈御览,伏候训示。臣纪昀敬谨赔写赶缮一分,一并呈览,就近发交装潢,归入文津阁书函。

臣等再查文渊阁、文源阁《尚书古文疏证》内李清一条未经削去,其钱谦益十五条俱经原校官删改,但仅去其姓名,而仍存其议论,应画一削去。并文溯阁及发南三分,臣纪昀俱行陆续赔写归入。

又查现在文渊阁详校官、侍讲陈崇本签出王士禎《居易录》内钱谦益二条、李清二条,庶吉士李如筠签出王士禎《古夫于亭杂录》内李清一条;文源阁详校官、额外主事李肖筠签出《绎史》内李清序一篇。臣等俱即核削,臣纪昀

[①] 以下十三篇参见中国第一历史档案馆编《纂修四库全书档案》。

亦行赔缮，黏签呈览。发下后，臣纪昀一并赔缮。

奏沥陈愧悔并恳恩准重校赔缮文源阁明神宗后诸书折

　　本月初八日文报到京，臣敬接廷寄谕旨，跪读之下，惶骇战惧，莫知所为。谨遵旨与臣彭元瑞将阎若璩《古文尚书疏证》底本内所引李清、钱谦益诸说，详检删削。臣纪昀现在趱办赔写外，伏念臣一介庸愚，叨蒙简擢，俾司四库总纂之事，受恩稠叠，迥异同侪，理应办理精详，方为不辜任使。乃知识短浅，查核不周，致有李清《诸史异同录》一事，虽幸蒙恩宥，已自觉日夜疚心。兹阎若璩《尚书古文疏证》复有失于删除之处，更蒙我皇上格外矜全，不即治罪。闻命之下，感愧交并。在皇上圣度包容，固共仰天地仁爱之心，圣人宽大之政。在臣则受任至久，受恩至深，乃错谬相仍，愆尤丛积，实上无以对圣主，下无以对天下之人。若再不殚竭血诚，力图晚盖，是臣竟顽同草木，无复人心。

　　伏查《四库全书》，虽卷帙浩博，其最防违碍者多在明季、国初之书。此诸书中经部违碍较少，惟史部、集部及子部之小说、杂记，易藏违碍。以总目计之，不过全书十分之一二。当初办之时，或与他书参杂阅看，不能专意研寻；或因誊录急待领写，不能从容磨勘，一经送武英殿缮写之后，即散在众手，各趱功课，臣无从再行核校。据今李清、阎若璩二书推之，恐其中似此者尚或不免。现在虽奉旨派员详校，但诸书杂阅，不能专力于明季、国初，又兼校讹字、脱文、偏旁、行款及标记译语，亦不能专力于违碍。至交臣核定，臣惟查所签之是非，其所未签更不能遍阅，恐终不免尚有遗漏。臣中夜思维，臣虽年过六旬，而精力尚堪校阅，且诸书曾经承办，门径稍熟，于违碍易于查检。不揣冒昧，仰恳皇上天恩，予臣以悔罪自赎之路，准将文源阁明神宗以后之书，自国朝列圣御纂、皇上钦定及官刊、官修诸编外，一概责臣重校。凡有违碍，即行修改，仍知会文渊、文津二阁详校官画一办理，臣俱一一赔写抽换，务期完善无疵。臣断不敢少有回护，致他日再蒙圣鉴指出，自取重诛。

　　惟臣现办核签之事，计全书六千余函，限两月告竣，每日须核签一百余函，方能蒇事，实无余力复勘他书。且一日之中，详校官一百二十五人收发往来，商酌应答，亦不能静心细阅。如蒙圣慈，准于两月限满、各官销签完竣之后，容臣展限至皇上回銮以前，独自常川在园，将明季、国初史部、子部、集部应勘之书，再行尽力勘办，庶违碍可以全除，秘籍益臻精善，臣亦得借赎前愆，稍酬高厚。

是否有当，伏候圣裁。臣曷胜战栗待命之至。

奏请将文渊阁翻译册档移送热河一分等事折

窃臣仰承恩命，率同各员覆核文津阁《四库全书》。臣于本月十五日已抵热河，见全德、董椿等所办章程，俱各妥协。所有同来各员，现已有裴谦、祁韵士、郭在逵、李岩、王燕绪、励守谦、王天禄、潘有为、王坦修等九员先到，臣即于二十二日率同开手办理。各该员感激宽恩，均图自效，又见茶汤炉炭，体恤周详，尤觉倍增愧奋。看其校勘甚属认真，惟是文渊、文源二阁校正册籍，俱为刘墉、彭元瑞留为校理三分全书之用，其订正译语册档，亦未付臣。所有辽、金、元人地名，俱无从查改。应奏明请旨敕下刘墉、彭元瑞，将二阁翻译册档，以一分留京备用，以一分移送热河照改，庶两无贻误。

再，文津阁书系第四分，当时事届垂成，未免急图完竣，错谬尤多。其中需查底本者，据大学士臣和珅所交，已一巨册，将来尚不知其几。但底本俱在京中，臣等实鞭长莫及，合无仰恳天恩，敕下军机大臣，于罚来各员内择其过失稍轻者，酌留一二员，常川在翰林院专办此事，即令自备夫马，往来驰送，计其所费，与前来资斧亦足相当。似于公事有裨，而仍不失示罚之意。

是否有当，相应一并奏明请旨，伏乞皇上睿鉴施行。

奏敬拟添写总目款式进呈御览等事折

伏查钦定《四库全书》，虽以经、史、子、集为大纲，实分为四十四类，中又分六十二子目，皆区别甚明，原应于提要前二行下逐类注写，以清条理。因缮本系陆续进呈，总目尚未排定，未及注明；迨合架之时，又未照总目补注，遂至总目分类书不分类，未免界限混淆。现在文津阁书子部内杂家、类书二门颠倒互换者，已经查出九部二十一函，是即门类未分之所致，似应逐部添写，方为清楚。但事关全书体例，非修补篇页者可比，未经奏明，不敢擅增。臣谨敬拟款式，黏贴黄签，恭呈御览。如蒙俞允，臣即照式填写，不过需数日之力，即可完竣。

所有文渊、文源二阁，俟臣事竣回京之日，亦一例照总目填写，庶几暇检阅，益觉开卷了然。

再，臣等现校书籍，自十月二十二日为始，臣于各员初到之时，乘其感愧方新，精神团聚，先拣出难校之书八百余函，使尽数办清，余乃以次摊办。其夏间看过之书，亦全使复行校正，一例黏贴衔名，不得因曾经勘阅，遂冀稍减处分，各员亦尚皆认真办理。现在修补完整归架者已二千四百余函。但各员在京看书患其各有私事，不免稽延，在外看书则恐其或有归心，不免草率，是以臣不时稽查驳改，不敢使其过速，致再留舛谬，有辜皇上格外之恩。大约至明年正月内，方可全完。谨附折奏闻。

至改正翻译，京中系添派满员，热河则无可添派。查军机处寄来翻译册档，皆系汉文，即汉员亦可查办。现在看书各员内原有曾邀议叙之总校，该员等皆系熟手，易于检寻，且业已优荷恩荣，自当倍加报效。臣拟即查明人数，俟校书完日，仍留于热河，随臣办理翻译，庶公务有裨而赏罚亦为平允。

奏来热勘书完竣并查明阙失颠舛各书设法办理折

窃臣仰蒙皇上格外鸿慈，俾率领罚来热河各员，复校文津阁《四库全书》。各该员感激宽恩，均深知愧奋，勘阅尚属认真。兹于本年正月二十六日所有应看书五千八百九十二函，先后报竣。内除《西域图志》一册，空白回部字六页，无人能写，《春秋辨义》一册，底本下截破烂，无可查填，须带回另办赍送外，其余俱已修整完好，全数归架。共查出誊写错落字、句偏谬者六十一部。应请旨仍交军机大臣核办。

臣于归架之时，逐函检点，又查出遗失《永乐大典》书三部，伪本抵换者一部，漏写遗书八部，缮写未全者三部，伪本抵换者四部，排架颠倒书四十六部，匣面错刻、漏刻及书签误写者共三十部，谨分款开列清单，恭呈御览。

查遗漏抵换诸书，虽卷数稍多，幸书册多有衬纸，书匣亦原有高低，或撤去衬纸，或将匣帮略增分寸，尚可匀入。应请旨交武英殿、翰林院二处查寻底本，容臣回京赔写。其应换刻匣面，头绪烦多，恐隔手必有舛错，仰恳圣恩，准臣于赔写书完后仍前来热河，携带工料，亲自监督抽改，方不再误。惟臣应赔之书面、书带，其料非外间所有，并恳恩准，臣按数交价，于武英殿领用。庶仙苑琅函得以画一整齐，皆归完善。

至诸书应改之翻译，臣督率总校照册细查，先归架者陆续挖填，后归架者亦挨次修补，并已将完。臣现在检点诸书，填写门类，即通盘合算，将各匣应换应移及应赔带环之类，先一一于匣面黏贴黄签，并详开数目字样，造册交热河总管董椿等，以便将来照数领换。须俟诸项清楚，方能恭复恩命。

奏恭报办理文津阁书匣等情形折

窃臣仰承恩旨，办理文津阁书匣，恭请圣训之后，于十八日起程，二十二日至热河。即于二十三日同董椿将从前签出应撤、应添、应挪各书，应换、应改各匣，挨次取出。臣一一详加核算，并恭赍翰林院所贮钦定简明目录原本，逐架重加对比。尚有颠舛之处，不在原查之内者，缘陆费墀排架之时，凡系巨帙，俱挨次装匣；凡系零帙，则不论朝代、不论门类，俱以数种合为一匣，以省配搭之烦，遂致纷纷错乱。今于排架既定之后，逐种抽出，归还原次，须通盘合算，一一设法插补，方能与流号数目相符。臣现在将错乱之书，先行按次排定，然后比量尺寸，照原匣数目另自搭配。分函其间，或应抽衬，或应入衬，或应将书匣增减分寸，务期整齐顺序，不见拆补之痕。其不动原匣，但换匣面者，臣亦将应换字样一一标注，仍按架排顺。今依常阿带领武英殿官匠已到，现在开工。至诸书移出一部,须将前后匣摊补;插入一部,须将前后匣匀并。虽所换匣数较多,臣现将撤退各匣细量分寸,一一记明,与现在分并各书逐加比较,或彼此互换,或高匣改低,俱可斟酌充用。偶有不能相合者,亦可作续入各书之空匣,不致弃捐一转移间。除改刻匣面以外,应添造者无几,庶不致虚糜旧料,多费新工。谨将办理情形据实奏闻。

再,《御制文二集》,现已刊刻颁赐,应行敬写添入。又合架以后,奉旨添写添纂之书,皆应将旧匣合并,插入空匣,俟各书写成补入。臣出京时已移咨武英殿,查明函数,一俟覆到即照数办理。至此次改正之后,与陆费墀所办架图目录,多不相符。除俟完工之日,将颠舛书名、挪移匣数及作何插添匀补之处,另缮清单,恭呈御览外,臣今拟即将文津阁架图目录先行抽换。其抽改之页,臣带回京中,以便照改三阁架图目录。

所有宫殿陈设目录,臣回京亦一一注出,敬谨修改,以归画一。

奏请修改文津阁书函折

窃臣奉命修改文津阁书匣,所有办理情形,业于十月三十日恭折具奏。本月初五日奉硃批:好。知道了。钦此。

臣跪读之下,不胜感奋。现将改正各书三百五十八匣,全数交依常阿趱办,已刻出一百二十余匣,臣亦督率属匠修理装潢。惟陆费墀所留空匣二百三十二个,臣未知其为数太少,不敷书成装贮之用,未经办理。兹于十五日接到武英殿提调臣吴裕德字寄内开:现在文渊阁清查撰卷册函,并将留空各匣按书之篇页多少,核定实数,及撤毁、补入、添纂、添缮各书,依次将换之一百余匣,以免误工,一面缮写清单,恭呈御览。请敕下军机大臣,将臣所改之单与吴裕德所改之图比较异同,详加酌核,务使移书增匣,不致两歧。奏定清单行臣遵办,庶章程可以画一,工作亦免稽延,而秘籍益臻完善矣。

是否有当,伏候皇上训示遵行。

奏撤去次等之书以为插入空匣之地片

伏查《四库全书》，久经合架，借抽衬、加衬、分函、并函，伸缩增减于数部之间，尚易办理。至于添入多匣，殊费周章，而现在匣少书多，又万万必需添入，致不得已而拆动千函。臣窃思编辑之时，虽采掇群言，全收精粹，亦间有意求赅备，以稍次之书节取备考者。如择次等之书，量撤数部为插入空匣之地，则全书去取益精，亦可省多行拆动，似乎两得。臣因此事现费商酌，谨将管窥之见夹片附奏。是否有当，伏候圣裁。

奏文源阁书覆勘先完请将详校官等分别议处折

伏查《四库全书》因缮写荒唐，动成疵谬，屡经校正，竟未能纯净无瑕。臣夙夜疚心，实不胜愧愤。兹复奏命覆勘，若再规避处分，有一毫之回护，更无以仰对圣明。

谨于奉命之后，传齐原赴热河各员宣示谕旨，严切申明。并戒以文津阁书详校官，皆系熟手，尚有遗漏未看之函。至文源阁书详校官，半皆生手，尤恐未免粗疏，各宜实力检查，毋得互相容隐，自取罪愆。各该员俱感激悚惶，认真搜剔，臣亦往来巡察，不时抽看。计所签舛漏，较初次详校竟增数倍之多，凡一字、半字之空白，悉皆检出，各调取底本补填。其余卷页脱落、行款参差以及流水错误者，亦俱抽换修整。谨缮写清单，恭呈御览，请旨照例分别议处。

至空白之中，有原注阙文一项，详校官因已声明，遂不查核。臣偶觉数处可疑，调取底本查对。中有实系原阙者，亦竟有底本不阙而惮于书写，或已经挖补而懒于查填，竟自捏注阙文字者。实系有心弊混，与偶然舛漏不同。已各于单内开明，应请旨将滥邀议叙之誊录查明尾页姓名，一并议处。

此外，更有底本遗失，抵以他书，正本未全，伪注阙卷，致详校官无从举发者。弊混均属相同。亦于单内开明，应请旨交武英殿查明经手提调及滥邀议叙之收发供事，一并议处。

所阙各书，京师有本者，现俱写补，其无本者，原采进之省分当有别本流传，应请旨行知各该督抚购写补送，以成全璧。

再，御制诗文应弁各书之首者，恭检文源阁书所载，亦与文津阁相同。伏查御制《永乐大典》诗文，向在翰林院尊藏，御制各省遗书诗文，向系发交武英殿提调缮写。臣现已行文两处，恭录全本，一并覆到，即敬谨补入。

奏查《性理大全》错误请旨换写分赔折

伏查《性理大全》一书，乃明永乐中胡广等奉敕所撰。臣等奏定缮写，原以明刻旧本送殿，现有陈设总目、简明目录可查。即大学士、伯臣和（珅）重定架图，亦列于明代书内。兹臣抽查文渊阁书，见此书每卷首尾及每页板心，俱加增"御定"二字，三抬缮写，莫喻其故。当即提对底本，已另换一康熙初年刻板，冠以圣祖仁皇帝御制序。序中明言为永乐原书，书中亦无"御定"字样。惟每册之首，各黏武英殿原发誊录格式一纸，有"御定字三抬"等语。查缮写全书体例，凡古书未经改修，惟蒙御制序文刊刻者，如三通之类，均不加"钦定"字样。此编既得邀圣藻，自应敬录简端。至书原前代所修，恭绎御制序中"板籍残阙，重加补订"之文，盖指旧刻漫漶，为之补脱订讹，并非别有所增损，不应冠以"御定"字样。实系陆费墀一时未考，率写标题。后来分校、总校及两次详校各官，又均以底本格式为凭，无从签摘，致沿讹袭误，四阁相同。今既查出，理合据实奏闻，请旨改正。

但查此书十函五十六册，页页俱错，断不能挖改板心，必全部换写，方协体制。以每册二三万字计算，写价已六七两，加以纸价装潢，须八九两方换一册，四五十两方换一函。统计四阁四十函二百二十四册，约估需银二千两，工费浩繁，岂可重縻帑项。原办之陆费墀，又无可追赔。伏思官项无着，原有分赔摊赔之例。武英殿办书供事历年议叙者多员，此书因遗失抵换，乃酿成错误，则经管、接管之供事，原属罪魁，责以分赔，实为不枉。其余供事，又皆托赖书局，借以得官议叙，既已同邀，则罚项自当均出，揆以情理，摊赔亦适得其平。臣愚昧之见，拟请一面交武英殿先支官项换写，一面估定价值，查明开馆以来曾经议叙供事现任者共若干员，匀扣俸廉，行文各该督抚搭解还库。庶秘籍可臻完善，而帑项亦不致重糜。

再，前次所奏《史记正义》五函，与此书事同一例，现无底本，不能换写。俟访得真本后，应亦照此例追赔。

合并奏明。是否有当，伏祈皇上敕交军机大臣一并核议施行。

奏文渊阁书籍校勘完竣并进呈舛漏清单折

窃臣遵旨覆勘《四库全书》，文源阁书先经勘竣，业经恭折奏闻在案。兹臣董率详校各官，又将文渊阁书细心检阅，现已办完。所有舛漏条数，视文源阁较少十分之二。内除《性理大全》一部，歧误有由，承讹有自，非但文渊阁一处之事，已另行筹办追赔，专折具奏外，其余寻常舛漏，现经检出修补者，谨逐一开列清单，进呈御览。

所有续勘出遗失底本一种、遗失正本一种及捏注阙文各条，亦均于单内声明，伏乞敕下军机大臣核议，分别办理。

奏前赴热河覆勘文津阁书籍情形折

窃臣奉旨前赴热河覆勘文津阁书籍，于三月二十一日自京起程，业经恭折具奏。兹臣于三月二十五日已至热河，其罚来看书之宗人府府丞孟邵等二十一员，亦先后并至。随与总管臣福克精额、臣佛保照上年奏定条例，于二十七日开阁覆勘。除未经详校空函新书二百六十四函摊交孟邵等覆勘外，所有曾经详校书五千八百八十函，臣带同办事熟手并曾经帮办之子侄等现在逐函检阅。

伏查四阁书籍，文津阁系第四分，其时写校诸臣以将次告成，趣求议叙，未免较为潦草。而上次详校各员事出众手，又值天寒日短，亦未免匆忙，是以尚有扬雄《法言》空白未填一事。臣今次覆勘，每二三人中，派亲丁一人，相参查检，稍不认真，即行觉察。臣不时往来巡视。臣福克精额等所派官役亦皆熟手，呼应甚灵，抽取互勘之书颇为迅速。现在经部将完，已签出空白舛误一千余条，分别修补。其未办各书，约计签数每部当亦相仿，似乎从前各员漏签之处，大致可以廓清。理合将现办情形，先行奏闻。

再，空函书内并无天文、算法，所有罚来之钦天监贾德辅，无书可勘。看其字画，尚颇端楷，臣现酌令缮写换页之书，如天文、算法有所疑惑，亦即向伊询问。

奏拟续缮《四库全书》事宜十条折

本月初三日内阁传抄初二日奉上谕：《四库全书》内恭缮皇考高宗纯皇帝圣制诗文，存贮诸阁，奎文炳焕，垂示千古。惟圣制诗自四集以后，文自二集以后，俱未缮齐恭贮，理宜敬谨增入。此外如《八旬寿盛典》及续办方略、纪略等书，亦应一体缮入庋藏。尚书纪昀系纂办《四库全书》熟手，着即详悉查明，开单具奏。钦此。

伏思《四库全书》包罗今古，实高宗纯皇帝超轶百代之鸿规。所有纂辑告成以后，尧文丕焕，与岁俱增。圣制、钦定诸编，自应续行添入，以昭示来兹。即我皇上圣学高深，丕承前烈，奎章睿藻，富有日新，所有御制、钦定诸编，现已颁发刊刻，衣被儒林，亦应请一并续入，以昭重华克协，文命覃敷。臣谨遵旨将应入各书开列清单，进呈御览，并敬拟办理事宜十条，奏闻请旨，伏候圣裁。

一、《全书》合架之时，高宗纯皇帝御集之后，原曾留有空匣，以待增添。其新修抽换之书，原虑及后来修改，渐增卷帙，亦于各匣中每加衬纸，以为将来挪空之地。今拟请旨派内务府司员查明空匣数目，并逐匣细看有衬纸者共若干匣，以便通盘筹算，使排定之架数目无减无增。

一、七阁共书七分，增则一体俱增。从前各省书架、书匣，虽在外各自制造，而数目、尺寸则七处相同。今拟请俟文渊阁一分办竣之后，文源、文津二阁俱一律照样办理。其奉天一阁，交奉天府丞；南省三阁交各该巡抚，均将抽换某架、某匣号数开明，应移、应换发给式样，令各照样办理，七处自可画一。

一、文渊阁虽设领阁提举、直阁校理等官，实皆属圣恩荣宠之虚衔，并不预闻阁事。现在书籍实系内务府司员管理。如另派外衙门官员，恐不能得其端绪。拟请敕下内务府，派出司官二员，专理查书、抽书、换书之事，以专责成；并乞特派内务府大臣督理其事，庶臣等资其弹压，呼应较灵。此项人员，除内务府大臣原系兼摄外，其司员应照各馆支给公费，以资办公，书成量予议叙，庶办理益为踊跃。

一、抽换之书匣，应改刻书名；挪动之书匣，须改刻号数。新书须用装潢，旧书抽换分析，亦不免有换写页面之处。其间行款、式样俱有一定规制，即做法亦与外间不同。此次卷帙繁多，改造之处不少，断非外间生手之工匠所能仿学办理。向来此项工程原系武英殿办理，应与纸张、界画等事，一体归武英殿修书处承造开销。

一、应写之书，如现有刻本者，用刻本照写；有原底本者，用底本照写，均准誊录领出，以便其加工趱写，可办理迅速。如未刻之本只有正本一分者，惟许在馆誊写，不准领出。

一、七分之书，如写完一分始陆续再写，既恐参差不一，又恐遗漏迟延。今拟每写一册，即令照样写出六分，在誊录驾轻就熟，一切行款缮录较易，且七分共在一处，互相比较，如有错误，互证可知，于校对亦为有益。

一、书匣面装潢、改字、填色，页面界画题签，向俱由武英殿办理，亦惟武英殿供事匠役方能熟娴妥协。拟请向修书处调取供事四名，装潢挖补调取纸匠六名、刻工六名，一同办理，即令查书之内务府司员照料。其供事公费、役匠工价，仍照馆例支领。书成之后，所有供事可否量照馆例议叙，出自圣恩。

一、办书例有提调二员，方能照料一切；又应有收掌二员，管理出纳。查现在臣部员外郎鹤纶，为人强干，遇事认真。臣部主事彭翼蒙心地明白，办事周密，又系尚书彭元瑞之子，于一切内廷书籍，耳濡目染，颇为熟谙。拟恳皇上天恩，命此二员兼摄提调。其收掌拟以臣部额外主事黄大名、笔帖式那春兼摄，各准其带本衙门供事二名,庶官吏相习,易于驱使。至行文各处,照例用臣部印信,合并声明。

一、书籍皆久定之本,无庸另派纂修,惟校对官最关紧要。查《四库全书》原系内阁、翰林院、詹事府三衙门所办,当仍于三衙门内选充。内阁酌调四员,翰林院酌调四员,詹事府酌调二员,供事亦即于此三衙门内照校对之数,调取十名。誊录每一分酌用八名,再择书法最好填字兼写面页者四名,能绘图者四名。将来如书多人少,另行酌增;或书少人多,另行议减。所有提调、校对、收掌、誊录、供事公费及书成议叙之处,可否照会典馆之例,亦出圣恩。

一、办书当在文渊阁较为就近,易于收发,但文渊阁班房已为会典馆所占。查会典馆东边一所,系占鹰狗处之房,间数甚多,应酌于其中匀出空闲无用之屋为办理七分书籍之处,可以不必另行立馆。

以上十条,并据臣管蠡之见,是否有当,伏乞皇上训示遵行。

请增额提前煮粥赈济河间等府进京灾民折[①](节选)

直隶河间等府,二麦歉收,命截漕五十万石备赈。而领赈百姓,有极贫、次贫之不同。次贫之户,可以支持待赈,不肯轻去其乡;至极贫之户,一闻米贵,不能不就食他方。近京诸处,多先赴京城佣工糊口,恐聚集日多,未必能人人得所;又业已扶老挈幼,拮据得至势难即返就粮。是此项流户以极贫之故,离其乡井,转不能同沐皇仁,似为可悯。定例每年自十月初一日起,至次年三月二十日止,五城原设饭厂十处,每日领官米十石,由坊官煮放,外来流户,原可同沾。但自夏至冬,为期尚远,恐贫迫不及待,且人数较多,米数亦未必能敷。伏思偏灾不过四府,赈米有余,请于原额五十万石内,酌拨京城数千石,自六月中旬为始,每厂煮米三石,至十月初一日后,则于原额一石以外,加煮米二石,仍均以三月二十日止。

---

① 见《清国史·纪昀列传》。

奏为酌改考试《春秋》出题用传条例以劝经学事[①]

奏为酌改《春秋》用传之例恭请训定事。查考试《春秋》向用胡安国传,而胡传一书中多有经无传。臣等细查,通部可以出题之处不过数十,即如本年乡试竟有一题而五省同出者,其三四省相同不一而足。士子不读全经不知本事,但记数十破题便敷入试之用。且胡安国当宋南渡时不附和议,作是书以讽高宗而斥秦桧,其人品自属刚正,而借经立说与孔子之意不相比附。恭读圣祖仁皇帝钦定《春秋》传说汇纂,驳胡传者数十百条;皇上御制文曾辟其说,而科场所用,以重复相同之题、习偏谬失当之论殊觉无谓,应请嗣后《春秋》题俱以《左传》本事为文,参用《公羊》《穀梁》之说。在三传亲承圣教,既较三千年后儒家之论为得其真,而士子不读《左传》不能成文,亦足以劝经学而裨文风。是否有当,伏乞圣鉴训示施行。

再,来年会试伊迩,请以下科乡试为始。合并声明,谨奏。

乾隆五十七年十二月十八日

谢畿辅展赈[②]

钦惟我皇上仁育尧封,泽先禹甸。郊圻相接,近依日月之光华;游豫时经,每荷春秋之补助。蓄储久裕,常赢于耕九耕三;丰歉无虞,宁计斗千斗百。盈虚有数,五星或异其饥穰;抚恤频加,三辅同登于仁寿。

粤惟前岁,六七月暑雨偶多;致被余波,廿二邑秋禾微损。飞章入告,当稷奏之方闻;温纶先颁,遽尧咨之已切。诏举拯荒之政,蠲贷兼施;敕申守土之臣,粟金并发。神仓白粲,分沾蟹舍渔庄;官库朱提,遍逮衢童壤叟。三农食德,人人酌太极之泉;四郡熙春,处处奏长生之颂。金曰福征保定,用敷锡以福民;从知寿卜延洪,因推行而寿世。固已黄图之胥庆,乐利无穷;何期丹绂之重

---

① 见邓玉娜编著《清代名人奏折书系·纪晓岚》。
② 见《国朝奏疏》卷六。

申,滋培靡已。念彼犁扶绿野,虽谷雨之将临;计其镰刈黄云,尚麦秋之未至。初开岁首,或虞上畼之艰;特布春旗,用展三期之赈。吴粳饭玉,原宿饱之有余;越稻升香,更加餐之相劝。蒸藜炊黍,益增饷于东菑;望杏瞻蒲,倍殚勤于南亩。至于高原之下隰,或疆界之相连;伏雨阑风,偶禾苗之稍浥。良农收获,本未成笑;睿虑周详,复行加惠。盖惟心同天地,恐一物之或遗;所以恩逮苍黎,宁多施而过厚。允生成之广被,其感激之难名。

臣等仰戴仁天,同游化宇。万年有道,恭逢八帙之开;四海同春,喜值三阳之盛。十八省皇舆之内,方欣正赋之全蠲;五百里甸服之中,更荷鸿施之遍渥。乾坤宏造,知莫酬高厚之恩;葵藿微忱,惟共祝绵长之寿。所有感激下忱,谨合词缮折,恭谢天恩。

恭谢天恩折[①]

奏为恭谢天恩事。本月初八日奉旨:纪昀补授詹事府詹事兼翰林院侍读学士,钦此。

伏念臣樗栎庸才,蓬茅下士,荷圣慈之豢养,凤跂清华;际文治之昌明,叨司编录。屡蒙简拔,已邀逾分之荣;时切悚惶,窃抱汲深之虑。何期菲质,叠沐鸿仁,又荷殊恩,遽加超擢。纶音贲宠,忽登三品之班;铨部胪名,本在五人之后。非常知遇,为人生之所稀逢;越次迁除,真梦想之所不到。捐糜莫报,衔感难名,臣惟有益竭葵忱,勤编芸帙,在公夙夜,务自殚其庸愚,矢效涓埃,冀稍酬夫高厚。所有感激微忱,理合缮折,恭谢天恩。伏乞睿鉴。谨奏。

乾隆四十四年三月初九日

《杜律解》识语[②]

乾隆辛未,先大夫出守姚安。水陆万里,不能携卷帙;山郡僻陋,又无自得

[①] 见邓玉娜编著《清代名人奏折书系·纪晓岚》。
[②] 见国家图书馆普通古籍部藏清抄本《杜律解》。

书,仅从诸生王明家借得顾震《杜诗解》一部。先大夫故喜谈杜诗,而病震解多穿凿,因就其本点窜之。在官三载余,丹黄殆遍,王生录之成帙,私题曰"杜律详解"。先大夫取阅之,以为体近于疏,命吏别缮净本,改题"杜律疏"。会敕修《续文献通考》,昀遂以净本送吴侍读省钦著录于经籍考中。后书馆移皇城内,其本遂佚。今所存者,初本耳,故仍题曰"杜律详解",与《续通考》所载不同,实一书也,恐滋将来之疑,故敬述本末,俾后人有考焉。

壬辰人日,男昀识

《四书疏注撮言大全》序[①]

国朝以制艺取士,莫先于明经。经者,所以正学术而充腹笥也。然书理未悉而用经,终鲜所据。自得宋《朱子集注》,而大义炳若日星,洵为圣经羽翼。迨后说家辈出,皆以发明精义,阐明指归,而繁者苦于记诵,简者又无独断,求其一顾了然,亦几难之。

适癸未岁,余督学于闽,相传为理学之邦,都人士深沉圣学者代不乏人。下车临汀,有胡生蓉芝,以《四书撮言》证于本文下逐字详解,朱注中逐句搜剔,会群言之腋,集诸说之成,真如日月经天,江河行地。今皇上崇儒重道,理学作人,得是集不繁不简,其中提纲挈领,脉络联贯,了如指掌,有裨后学者,其浅鲜哉?因命授梓以公售,世庶不为群言所惑云。是为序。

乾隆癸未岁孟冬月,督学使者河间纪昀晓岚氏,题于闽汀官署

《东游纪略》序[②]

昔陆贾使粤,而《南中行纪》作焉,述游览者之权舆也。班昭《东征》一赋,备述道里山川,纪行之咏滥觞于是。然汉魏五言,犹无专咏风土者。刘勰谓宋

[①] 见宝华堂梓行纪晓岚先生鉴定《四书疏注撮言大全》。
[②] 见南京图书馆藏清乾隆刻本《东游纪略》卷首,又见民国二十四年(1935)《浮山县志》卷四十一。

初文咏,庄老告退,山水方滋,登临题咏,其盛于是时乎？谢客诸诗,游览者居其大半。少陵自秦入蜀,途中所咏亦甚详,然亦未自成一编。自李绅《追昔游诗》二卷,始别为专集矣。宋、元以后,作者日繁,其间工拙亦互见。

今岁秋,门人葛庶常正华,携其乡比部张君《东游纪略》示余,余爱其序次简远,有郦道元《水经注》意。其感怀阅历,摹写风景,亦出入于元、白、苏、陆间,近代作手之佳者也。葛子述张君之意,属余为序。余维昔太史公遍阅名山大川,乃成《史记》;张燕公岳州诸什,说者谓得助于江山。盖儒者读万卷书,怀瑰琦磊落之气,每借文章以发之,而不得灵区胜境雄奇幽奥之观,则不足以感荡其心灵,抒写其胸臆。此古人巨制往往托之游览也。

余生长里间,足迹未南行一步,无由睹天下奇胜,开拓心胸。岁丙子,始以敕修热河志书得见塞垣山水。己卯秋,奉使山西,略览并汾之形胜。然侄偬往返,未暇为诗,有负山灵,心恒耿耿。今张君以强盛之年,息意荣名,纵情林壑,道途数月,吟咏成编。余读之,实愧且羡,又何足以序其书。然少而耽诗,迄今不废,岩泉之乐,意未尝忘。披读是编,有隐触夙愿者焉,爰不辞而为之序。

辛巳十月望前二日,河间纪昀书于京邸阅微草堂

《安蔬草堂诗》序[①]

余于和斋袁婿处见此集,如逢故友,如到旧游,欣赏流连,不忍释手。询所出,知为济南李生湘浦手著。湘浦,余乾隆庚戌廷试奉命校勘所得士也。琅函佳什,久著二东,箧中秘卷,适于无心得之,因叹文章寿世,遭遇前因。李生之受知于余,与予之幸获是卷,皆非偶然,遂和其首作,以志相知之缘。并望有志风雅者,付之剞劂,以公同好云。

嘉庆己未秋七月,河间纪昀题

---

① 见道光十八年新聚堂刻本《安蔬草堂试帖》。

题唐泰山水卷[①]

尝读竹窗高氏《书画题跋记》云：明季唐太来名泰，自称迟道人，有郑虔三绝之擅。书法董文敏，画学巨然，深得苍茫野逸之致。与董文敏、陈眉公时相唱和。《天平吟啸集》中，迟道人诗最多也。是卷《前赤壁图》，所仿文待诏，而用笔仍出入宋、元，惟舟与人物则师衡山。往岁于役汴梁，宿同年宋嵩甫通政斋中，获见此图，爱不释手，通政慨然以赠，当时真不啻如得拱璧耳。

嘉庆辛酉八月既望，河间纪昀识，时年七十八

题韵亭张公遗像赞[②]

端坐凝然，古心古貌。敦厚慈祥，形神宛肖。我忝葭莩，未亲色笑。肃对丹青，幸瞻遗照。公子云仍，传公庭诰。悬在几筵，如公身教。

致林育万书[③]

连日养疴，未能相晤怅怅。未审何日行，行时能一相过谈否？寿文已撰出，邱年兄现缮绢本。但太翁老先生别号未填，乞即书示。又，《天西效祝赋》稿在尊斋，别无副本，乞付还。豆票价或年兄需作路费，或交令弟，并乞示知。

附候不一。上育万年兄。

研北纪昀拜具　五月廿一日

---

① 按：该卷为设色山水，绢本。纪昀题跋在其卷尾。
② 见光绪十四年《南皮县志》卷十四。
③ 见故宫博物院藏纪晓岚墨迹。

致钱大昕书①

辛楣大兄同年：

弟三通馆书，亦须趱办。现有纪传数卷，已经总裁签出，未及清理，意欲乞令侄代一捉刀，当割月俸相饷，未知可否？专此代面，附候不一。

弟纪昀拜具

致鲍树堂书②

久阔清辉，时深怅忆。昨接手教，宛似面谈，遥稔孝履清佳为慰。前，勉承台命，作太老先生家传。方自愧拙文陋识，不足以发挥厚德，乃蒙遵勒贞珉，复得冶亭漕使为之染翰，实为荣幸倍增，转深感佩。上次承惠歙砚，已手为铭识，述所自来。石庵相国亦极把玩赞叹。今又承致此旧石，欣忭何似。惟一生书似方平，不免有负此二研耳。迩来年届八旬，诸兴都减，惟顽健如昔，可勿廑远怀。敬因使旋之便，顺候福安，兼鸣谢忱。

临楮驰溯不备。此上树堂侍御老先生。

弟昀顿首顿首　十月十四日

答洪良浩书③

纪昀顿首顿首敬启耳溪先生阁下：

阔别久矣，回忆如朝夕间事。盖无时不怅怀元度，不但朗月清风间也。

客岁十月，曾寄小诗二首奉怀。岁暮贡使入京，询知与领时宪书官中途相遇，知岁前尚未尘清观也。

---

① 见南开大学图书馆提供《历代尺牍小传》。
② 见上海文明书局民国十一年（1922）《明清名人尺牍墨宝》。
③ 见朝鲜洪良浩《耳溪先生集》卷十六《与纪尚书书》所附《答书》，汉城民族文化社 1992 年影印本。

令侄侍读寄到华札及大作《字说》《杂文》，喜沧溟以外，尚念及故人，深为慰藉。寒夜篝灯细披著述，真不啻对作十日谈矣。《杂文》刊落浮华，独存精液，信学深则识定，识定则语必中窾，故文简而理足，此自读书老境，非可勉强而至者。《字说》以深湛之思，溯治官察民之本意，不求同于古人，亦不求异于古人，因所固有而得其当然，有此一编，始知《书·契》所系之大，其尤当理者，在不全为之说，亦不强为之说。荆公《字说》今无传本，惟《周礼新义》中散见之，以其未注《考工记》，宋人采其《字说》补成之。此一篇所载尤详，反复观之，亦非并无可取。宋人所以交攻之者，一以元祐之门户，一以必欲全为之说，遂不免强为之说，致相轧者，置所长而专攻所短，遂为后世之口实。先生此书，有其长而无其短，此由气质学问粹驳不同，信先生之所养深也。高邮王给事怀祖，东原高足也，于小学最有渊源。昨以示之，渠深佩服，知弟非阿所好矣。

弟今年七十有五，学问粗浮，不敢自信。凡有诗文，大抵随手置之，不甚存稿。近小孙树馨始略为撽拾抄录，未知将来能成帙否。倘其成帙，定当奉寄一本刊正也。

别简所言西洋教事，此辈九万里航海而来，前者甫死，替者续至，其志必欲行其教于中国，而究之万万无行理。彼所以能行于吕宋者，吕宋人惟利是嗜，故为所饵。中国则圣贤之教素明，谁肯毁父母之神主，绝祖宗之祭祀，以天主为父母祖宗哉！此是彼法第一义，即是彼法第一碍。故人曰西洋人巧黠，弟直谓其谋所必不成，真一大愚而已矣。

其书入中国者，秘阁皆有。除其算法书外，余皆辟驳而存目，已列入《四库总目》。印本新出，先生谅尚未见，今抄录数篇呈阅。至其法出于古法，先生所见灼然不诬，亦发其凡于《四库总目》"周髀"条下，一并抄录呈阅，见此理中外相同也。

临风驰溯，书不尽言。时因译史冀接德音，统惟鉴照不备。

纪昀顿首顿首敬启耳溪先生阁下　戊午正月廿七日

恭祝敕封文林郎培翁王老姻伯大人九帙荣寿序[①]

盖闻箕畴陈五福,富寿居先;华祝颂三多,期颐是愿。惟积善必钟余庆,振古如斯;凡哲人定享遐龄,于今为烈。

恭维我培翁王老姻伯大人,琅琊华胄,渤海名门。掌上名珠,独擅桂林之秀;阶前玉树,遂成杕杜之林。初识之无,已惊宿慧;甫离襁褓,即信超凡。扇枕焚香,验灵心于总角;问安视膳,征天性于成童。洎乎束发授书,无烦夏楚;既而挥毫落纸,悉化珠玑。爰以弱冠之年,遂为游庠之日。青云在目,人称千里之驹;丹壁非遥,共羡三山之凤。而翁则亲承色笑,长咏南陔;祗奉晨昏,罔希东观。五旬孺慕,无烦怅望于门闾;三代承欢,宁致兴嗟于屺岵。孝思维则,宗党钦崇;内行无愧,士夫称叹。郭有道人伦模楷,名重千秋;王彦方士类仪型,化行四境。胥闻风而兴起,亦薰德而善良。而尤有难者,翁既忠厚以传家,复博施而济众。虹梁高架,瀛洲传利济之名;雁齿横排,梓里免褰裳之涉。祖为作而孙为述,几费千金之产,轻若浮埃;前者创而后者因,大兴再造之功,安于磐石。

乃者鸿雁遍野,庚癸频呼,螟螣盈畴,仓箱交匮。先生则指困同患,屡苏蒙袂之矜人;啜粥分甘,遍慰黧桑之饿客。以故谊隆任恤之雅,里号高阳;人传慷慨之风,乡铭君子。因而振清评于月旦,丰碑之记载常新;增声价于品题,增额之辉光永耀。是盖仁心为质,惟期积善以光前;故能世德作求,更念贻谋而裕后。兰亭雅韵,夙号名宗;草赋余徽,实多佳士。盈庭桂馥,似七贤之名噪于建安;绕膝兰芬,如十子之声蜚于大历。一门竞爽,优则凤麟;七子联镳,劣无虎狗。孝廉才俊,制美锦于中州;司铎风清,拥青毡于古遂。幸托葭莩之谊,与有荣施;欣觇芝玉之庭,虽为伦比。且也懿孙鹊起,早搴泮水之芹;况乎难弟鹏骞,又折燕山之桂。珂鸣成里,俄看高门;笏满在床,伫行施

[①] 见道光二十七年《东光王氏家谱》。

马。庆康健而逢吉,朱颜鹤发,仰承多咕于穹苍;因积厚以流光,凤诰鸾章,叠拜殊荣于魏阙。

时维畅月,实寿翁览揆之辰;序值小春,正嘉客称觞之会。回忆入朝之仗,甫及三霜;今观绕砌之蓂,新开九叶。瀛洲仙侣,杯晋丹霞;武遂名流,词倾白雪。昀,分同犹子,宜称瑶水之觞;谊属周亲,愿献南山之颂。奈以从大夫之后,末由登君子之堂。遥拜长庚,敬申蚁悃;絮陈鄙语,聊代凫趋。谨序。

时乾隆四十九年岁次甲辰孟冬上浣之吉

赐进士出身兵部左侍郎文渊阁直阁事前内阁学士兼礼部侍郎翰林院侍读学士加三级年家姻愚侄纪昀顿首拜撰

赐进士出身武英殿行走户部四川清吏司主事兼理陕西司事务年家眷晚张灼顿首拜书

陈翰青先生七旬双寿序[①]

从来祝嘏,例为扬诩之文,自昔祈年,不厌铺张之语,然使事堪征实,非子虚乌有之荒唐,谈冀称心,殊海市蜃楼之结撰,则受者可无愧色,作者亦异谀词。至于谊笃刘卢,居同桑梓,交从总角,曾躬承硕彦之下尘;属在通家,兼耳熟女宗之懿则,是则表其盛德,尤不辞银管之书;祝彼遐龄,愿用侑金罍之酒者矣。

同邑翰青陈君,余之中表弟也。溯其家世,代有达人;询厥门楣,夙称望族。远祖简肃公,实前朝之柱石;封翁睿智公,亦当世之楷模。而我翰青适生瓜绵瓞衍之辰,早负凤翥鸿骞之望。金昆玉友,原四座之交辉;夏绿春红,乃一枝之先殒。长兄已声蜚黉序,遽逢撤瑟之期;两弟虽秀苗兰芽,甫及受书之日。欲慰椿萱之怀抱,讵吾曹号书痴;谁堪门户之主持,惟次公宜为家督。从此屏经生之帖括,力务竭于庭帏;恸伯氏之弃捐,爱弥深于棣萼。乌私恋恋,锦添莱

[①] 见民国二十年(1931)《乐寿陈氏族谱》贞卷。

子之衣;雁序雍雍,春暖姜肱之被。孝能锡类,弱弟咸名列于朝班;和以致祥,诸郎复人娴乎礼训。是其箕裘克绍,既征旧德之无忘;抑且阡陌交通,并见先畴之日广。度身量腹,货无弃地之时;继长增高,家有素封之号。

然或倾身障簏,争嗤祖约之愚;握算持筹,未免王戎之陋。邓黄头之钱流天下,痴入膏肓;卫江州之客到门前,术驱草木。纵使擅多藏之富,将无贻财虏之讥。乃观吾贤,尤征雅量,谊由近笃,惠必旁流。忆吾乡井之间,昔值旱干之岁,佃人则宿逋累累,焚券而绝少吝心;族众则待哺纷纷,指囷而并无德色。盖约举其一二事,实全活者数百人。奚烦冯谖,代市义于薛中;翻笑赵宣,第推恩于桑下。嘘其善气,固应衍作休祥;种厥仁心,自尔蒸为穊谷。此尚待朱颜绿发,传鸿烈之仙方;碧柰黄精,访松乔之秘诀也哉?

更有羡焉,所尤难者。厚德载福,嘉耦齐年。德配张安人,幼毓名闺,长归甲族,酒食是议,允宜夫子之家;左右无方,曲尽高堂之养。一门娣姒,交颂徽柔;三党姬姜,群称婉娩。展也闺房之秀,洵哉君子之逑。兹际芳晨,爰张绮宴。海屋纪添筹之数,寿届七旬;仙山溯种树之期,年逾五甲。并进延龄之酒,齐歌难老之诗。

昀也,猥以数世之葭莩,幸值一时之梁孟。撮其梗概,惟应挂漏之为虞;胪厥生平,岂比传闻之有异。倘定欲摛华挦藻,在鄙文深愧风云月露之工;如第云作善降祥,即是作可代山阜冈陵之祝。

光禄大夫经筵讲官礼部尚书兼文渊阁直阁事充实录馆大清会典馆总裁官加三级随带加二级愚表兄纪昀顿首拜撰

皇清例赠武信郎庠生楚白王公暨元配高安人继配李安人赵安人合葬墓系铭[①]并叙

赐进士出身朝议大夫日讲起居注官翰林院侍读学士年家眷姻弟纪昀顿首拜撰文

赐进士出身资政大夫吏部左侍郎兼理工部侍郎事年通家眷弟程景伊顿首拜书丹

赐进士出身通议大夫日讲起居注官詹事府正詹事兼翰林院侍读学士年家眷弟钱载顿首拜篆盖

叙曰，南皮王君观成将葬其父母，介余从兄文东乞铭于余。君与余侄汝第同以癸酉举于乡，□□□□□□东婿也，谊不得辞。余向闻公称长者，比受其状读之，乃慨然太息曰："士或读书谈道，负天下之盛名，□□□□评，乃往往与所言反。又或致身通显，既贵且富，而溪刻寡恩，重视货财，轻视骨肉亲党。公一老诸生，□□□□田里，不与当代竞名誉。即拥资自封，未必操清议者遽绳其后，而迹其所为，乃卓然以古人自期许，不□□□。"状称：公有旧宅，在翟屯西，附宅为田，田树以枣，及迁居翟屯，悉推授族人之贫者。又捐资赎族人女，且岁时□其家族。人以田价且涉讼，公为代偿，讼乃已。其他周窘乏、资婚丧者，不可缕数。乃至族子教成，自高、曾以来，衣食公家，公仍给之无厌色。于中外诸戚，恩礼周至。有以枉坐杀人系狱，公竭力拯恤，后遇赦得出者；有以家计中落，公计口授食至十余年者；有抚其遗孤，为授室，比子俾渐以小康者。张子经者，公弟之妇党也，亦周其困乏，越数十年不衰。又有马升杰者，亦公弟之妇党，壬午岁饥，将携家远出，别离之状甚惨，公亦恤之，俾免颠沛。盖公事父母孝，待兄弟姑姊皆至笃，故推而广之，所□□者甚溥，非所谓爱无不爱者耶。状又称：有赵氏售宅于公，其弟不忍弃祖业，欲留之而力不能，公愍其志，反假

[①] 见中国文物研究所、河北省文物研究所编《新中国出土墓志》（河北—下册）。今墓石存于南皮县文物保护管理所，部分残损。

以宅价成其事。邻王氏所居苦隘，公有地逼其垣，心欲之，弗敢请也。公揣知，慨然借之。佃妇赵张氏者，苦节而酷贫，不得上达。公力白当事，乃得旌。是三事者，尤异乎世俗之用心，宜乎强梗狙诈之徒，初欲甘心于公者，莫不久而悔也。《周礼》六行，曰孝、友、睦、姻、任、恤，公其备之。而家庭之间，相夫以义，能不挠公之所为，内助之贤亦验。于是则系而铭之，固无恍词。系曰：公讳珩，楚白其字，南皮县学生员。先世山东即墨人，明永乐间迁南皮，中更兵燹，谱牒失传，始祖以下六世皆无考。七世至讳自义者，为公曾祖。自义生一良，敕旌孝义，祀□于祠。一良生庠生明正。明正四子公居长，以康熙三十六年生，乾隆三十二年卒。公元配高氏，同县生员讳琮女，年□□卒，无出。继配李氏，同县生员讳端礼女，年四十卒，生二子。长曰观成，乾隆癸酉科武举人。次□□。继配赵氏，交河处士讳兴械女，年二十五卒，无出。继配陈氏，东光处士讳光先女。今□□生二子：曰克成，曰信成，俱陈出。女五人，男孙三人，女孙三人。观成等今卜吉葬公于祖茔，以高、李、赵三安人祔□□……

□□，□福□□福乃长，如农□衺待岁穣。先生逝矣栖柏堂，黄垆虽闷潜德光。厥泽不艾□□□……

皇清例授文林郎丁卯举人拣选知县子明郝公暨汤孺人潘孺人合葬墓志铭[①]

赐进士出身资政大夫兵部右侍郎前内阁学士兼礼部侍郎文渊阁直阁事充四库全书馆总纂官年家眷同门弟纪昀顿首拜撰文

赐进士出身中宪大夫日讲起居注官詹事府少詹事兼翰林院侍讲学士福建学政年家眷弟朱珪顿首拜书丹

赐进士出身朝议大夫司经局洗马掌局事年家眷弟翁方纲顿首拜

---

① 见中国文物研究所、河北省文物研究所编《新中国出土墓志》（河北一下册）。今墓志存南皮县文物保护管理所，然志尾漫漶十余字，今据郝湛六世孙郝树果先生提供出土后原拓补齐。

篆盖

公，予同门友也。丁卯，公举于乡，予与堂兄昭皆获隽，予倖擢第一，与公同受知于异三陈先生，因订如水交，且相距百里，尤便往来。后公偃息林泉，延至予家，诸昆弟重公之德，师事之几二十年，久而弥敬。

公寿逾古稀，旋归仁里，甫三载而讣音惊至。呜呼！老成凋谢，知己难逢。忆公哭予昭兄诗，有"数点嘤鸣泪，想应恸九泉"句，予与公宁有异情乎？其次子思谟将卜葬，携状乞铭，予义不容辞。独是公之德行、学术，为人所共见共闻者，予不必烦称之。至洒然者其大，蔼然者其貌，穆然者其度，旷然者其怀，尤足动当代之景仰，起后人之追慕者，予又不能以笔仿佛之。然则公之为人，予言之，不若公自言之为肖也。如其词中所云：赋性耽幽闲，名利无关，浮生何计远尘寰，独辟巢由偃仰处，颍水箕山。其诗中所云：养得林泉无欲天，着衣吃饭任年年，太平足我生前乐，一日清安一日仙。要皆公之自为写照者，观于此，其隐耶？逸耶？抑素位而行之君子，乐天知命之仁人耶？爰志乃大略，以俟旷世相感者加论断焉。

公姓郝氏，讳湛，字子明，号眉峰。前明永乐初，其始祖自玉田迁南皮，居城东马村庄，耕读世家。公曾祖讳孟章。祖讳云清。父讳永欣，字世悦，庠生。母田氏，生公兄弟二：长讳渊，庠生；公其次也。始娶同邑例封武信郎讳日照汤公女，继娶同邑庠生讳廷珂潘公女，皆名门贤媛，为公之德配。子二：长思谦，庠生，汤孺人出，娶李氏，先公亡；次思谟，庠生，潘孺人出，娶刘氏。女二，俱潘孺人出：长适张；次适李。孙男一，即承重椿龄，娶王氏。孙女三：长适王，思谦出；次二俱幼，思谟出。

公生于康熙四十七年十月十四日亥时，卒于乾隆四十七年十二月二十九日酉时，享年七十五岁。汤孺人生于康熙四十七年三月十四日寅时，卒于雍正十年八月二十日巳时，享年二十五岁。潘孺人生于康熙五十二年二月二十日午时，卒于乾隆四十二年八月初八日丑时，享年六十五岁。

今卜于乾隆四十八年十月二十七日，其次子思谟、长孙椿龄奉公与潘孺人

枢,开汤孺人圹,未时合葬于村西新茔。铭曰:

先生高卧兮山东,履洁怀清兮万虑空,古道长留口碑中,德配双偕兮佳城郁葱。吁嗟呼!碎琴挂剑人何处,勒此片石兮,俾千秋百世想见夫先生之风。

赵母井宜人墓志铭①

往读翟公题门之词,意尝微病其过偏。仕宦之升沉,朋友之亲疏,皆恒事耳,何遽介介若是。洎罹谴窜谪,从军西域,仓皇就道,衣裘车马皆不具,流离万状。途过素所厚者,殊落落如路人,几寒饿困踣于道路,然后知翟公之言,其所感者深也。当是,德州赵君春礀独殷殷顾念如平日,故余感之甚,尝对周书昌编修称之。书昌曰:是不独春礀然也,其太夫人亦然矣。根矩先生官沅陵时,与知府不相能,媒孽之几殆。未几,知府死,凡所有者已以奢纵随手尽,丧不能归。家属嗷嗷且冻馁,属吏皆怨次骨,无过问者。太夫人与根矩先生谋曰:"彼虽狠戾,故上官也。故吏之谊,古人重焉。沅陵为辰州诸邑,长君不谋归其柩,君子且谓公修怨也。"根矩先生首肯之,倾囊箧以助。比送登舟,其家为愧色可掬。沅陵县丞于君,新城旧族也,与根矩先生故友善,及同官,益相得。雍正乙卯,于君奉檄解贵州饷,卒于途,其二女适同邑王氏为娣姒,长女少寡,无子,以妹之子宸眷嗣,皆依父以居,至是流落不返。太夫人慨然曰:于君家累重,势不能兼赡,且寡女稚子,需养存立,非旦夕事,亦恐不能源源给。复与根矩先生谋迎其女于署中,抚以为女,而俾宸眷与诸子同读书。乾隆己未,根矩先生擢官澧州,太夫人始携其母子归。后宸眷补邑诸生,于女亦以节终,新城人至今能道之也。戊戌八月,春礀将卜葬太夫人,持状请余铭。读其状,亦列此二事,与书昌所言合,而别有为从孙克家立嗣,俾其妻得守节事,属书昌所未言。盖家庭委曲,外人有所不及详。以二事征之,其亦不诬矣。呜呼,一

---

① 摘自民国《德县志》卷十四《艺文志·文外编》。

日之慷慨,易为也,提携鳌幼,有始有终,非仁心周至不若是,是足愧夫并不能为一日之慷慨者也。至人谋陷我而未遂,不仇之足矣,其死也,不快之亦足矣,乃以德报怨,宁失于厚,然则予以炎凉之故,至今怏怏于夫已氏者,不又恧然愧乎?此数事足以传太夫人,其他妇德之常,世人所目为贤淑者,不足为太夫人称也。太夫人系出文安井氏,山海卫教授讳镪之女,前澧州知州讳念曾之继配,以康熙二十八年十一月生,乾隆四十年十二月卒,年八十有七。子(三):长耘经,州庠生;次崇经,乾隆庚辰副榜贡生,官费县教谕,先卒;次大经,乾隆戊子举人,官直隶乐亭县知县,即所谓赵春磵者是也。女三,孙五,曾孙二。以乾隆四十三年十月合祔于根矩先生之墓。铭曰:

巾帼也,而如是乎?惜我西祖,不遘于穷途?呜呼!

皇清例赠武信郎候选卫千总廷锡韩公墓志铭[1]

赐进士出身河间纪昀撰

赐进士出身张德懋篆盖

赐进士及第邵玉清书丹

公讳珵,字廷锡,姓韩氏。明初,始祖讳在公者,自枣强占籍于盐山南乡韩家集,遂家焉。累世多隐德,高祖讳鼎,赠通奉大夫,分巡淮阳兵备道。曾祖讳应槐。祖讳世奇,庠生。考讳秉仁,岁贡生,貤赠儒林郎。前母李氏,母刘氏,皆赠安人。公器识宏达,凡所为皆有确见定夺,而履规蹈矩,进止不逾尺寸。自髫卯时,已为长老所推重。年甫十二,父赠翁即捐馆舍,惟兄是依,出入起居,皆谨随其后,凡事必禀命而后行。兄亦友爱笃挚,始终无间,为乡人所称。事母刘太安人,先意承志,能曲得欢心。母沉疴数岁,公昼夜侍汤药,不解衣带。迨没,呼天抢地,恸不欲生,而衾殓之间,必躬亲检视,不以哀毁之余,有一毫不周备,贻他日之悔。俄而,长兄继逝,未匝一月,迭罹凶悯,苦块之间,泪痕

---

[1] 摘自民国《盐山新志》卷廿七《故实略·金石》。

重叠,见者为之感动,至性可谓过人矣。公一生履顺境,而天性醇谨无过举,遵节退让,常如不胜,居常酬应事务,沉毅有智略,而立心敦厚,人皆称长者。宗党间或有违言,往往自出其资以求谐,无吝色,亦无德色。有以缓急告,即如所需以应。或负而不偿,亦不以为意。后有求者,应之如故,其厚德类如此。常延名隽士馆于家,招亲故族党子弟从之学,脩脯膏火,所费不赀,而始终勤恳无少倦,借以成名者甚众。教子甚严,务以敦品立行为要,不徒屑屑于文艺。时举言行汇纂一书,谆谆然为家庭训,足以见公之志矣。公之长子与余侄汝夔为同年,又司铎余郡,余家子姓多相从讲肆,与余子汝似尤相习,故公之世德,余知之为悉。

公生于雍正二年五月二十日,卒于乾隆五十年三月三十日,享年六十有二。配刘氏,封孺人。子二:长汝震,丁酉拔贡生,任河间府学训导;次汝儒,侧室佟氏出。孙男四人:恒保、恒裕、恒佑、恒健。孙女三人。以乾隆五十二年三月,葬于庄东祖茔之兆。铭曰:

深岩巨泽,所育虽繁。嘉谷之茂,则在平原。惟广惟厚,故殖故蕃。惟慈良宽恕,本行是敦,如木培其根、水浚其源。善气所导,必福其子孙。我铭幽宅,卜他日之高大尔门。

皇清敕封儒林郎原任山东城武县知县旭亭马公暨元配邢安人合葬墓志铭[①]

赐进士出身诰授奉直大夫翰林院编修充四库全书总理纂修官三通馆纂修官教习壬辰科庶吉士前日讲起居注官翰林院侍读学士三通馆总理纂修官左春坊左庶子充国史馆纂修官通考馆总理纂修官功臣馆总理纂修官乾隆壬午科顺天乡试同考官教习辛巳科庶吉士庚辰科会试同考官殿试执事官己卯科山西乡试正考官翰林院庶吉士门婿纪

---

① 该文录自墓志,原石藏河北省阜城县后陆庄马氏族人家。

昀顿首拜撰文

赐进士出身诰授朝议大夫南书房行走日讲起居注官翰林院侍读学士充三通馆纂修官前翰林院侍读充功臣馆总理纂修官通考馆纂修官左春坊左赞善充乾隆壬午科湖南正考官庚辰科会试同考官丙辰科会试同考官翰林院编修充己卯科山东正考官翰林院庶吉士年家眷弟钱大昕顿首拜书丹

赐进士出身诰授资政大夫内阁学士兼礼部侍郎前詹事府正詹事提督河南学政左春坊左庶子翰林院侍读翰林院编修翰林院庶吉士年家眷弟嵩贵顿首篆盖

乾隆丙戌，外舅旭亭马公卒，越七年，公嗣子兆晟奉公柩及邢安人柩合葬东光城西之新茔，属昀为志。

昀为马氏婿时，公已解组数年矣。公之政绩，昀弗及睹，复宦游于外，即公居乡行事亦弗详，而公又质朴不近名，不肯一一自道，故至戚莫若昀，而昀志公墓，乃含笔腐毫不能就。既而念之，墓志，史类也。史之为例，述其可知而阙其不可知，传其一二大事，即不妨脱略其小节。

公之女尝语昀曰："族有丕承公者，公三从父也。娶于夏，丕承公卒，夏誓死抚孤。孤既娶，复夭逝，竟无嗣，贫至不能具釜甑，每纺绩得少粟，则聚败叶朽草，以破罂煨食之。粟或不继，则枵腹待尽，频死无悔心。"公归里后，闻其事，蹶然起曰："纲常，人之纪也；节烈，家之荣也；收宗恤族，士大夫之责也。"趣以钱帛赒其家，岁时靡缺，凡三十余年无倦色。及夏例得请旌表，为力闻于官，得建坊，复以从子兆清为之后，而捐田五十亩、宅基一所赡之。至兆晟又捐田三十六亩、宅一所，承公志也。

呜呼！宗法之不讲久矣，一再传后罥相视，辄以秦越人，故休戚不复相关，荣辱漠然无所与，不知溯而上之则同祖，再溯而上之则同父，再溯而上之则同一人之身也。公尝捐赀刊家牒，俾昀序之，其于木本水源之义讲之熟矣，其视赒给宗族，犹举左手所挈而移之右手也，岂龌龊世俗之见可窥其万一哉？公行谊政绩虽不尽传,然知九族为一本,必知万物为一体,此一二事者,天下后世想见公之生平矣。

公讳永图,字周禄,旭亭其号也。由廪贡生授四川江津县知县,再任山西稷山县知县,升中书科中书,世宗宪皇帝谓有民社才,以升衔任山东城武县知县,后罢归,优游数十年乃卒,年八十二。

曾祖讳绍第,岁贡生。祖讳廷宣,顺治辛卯选贡生。考讳光,康熙壬子拔贡生,山东登州府海防同知。

配邢安人,同邑太学生考授修职郎诰赠奉直大夫讳天裕公女也,生本名阀,赋性温恭,且勤俭善综家政,为公德配。先公十年卒,年七十二。

公无子,以从子兆晟为后。有女四:一许景州李基塙,所谓露园先生者也,未嫁卒;次即昀妇;次适吴桥季垫;次许同县赵宜,亦未嫁卒。孙男二,孙女三。铭曰:

弗夸弗饰,讶者有焉;呜呼此公,之所以传。

诰赠朝议大夫睿智陈公暨元配诰赠恭人冯太夫人墓志铭[①]

赐进士出身日讲起居注官文渊阁直阁事翰林院侍讲学士充四库全书处总纂官三通馆纂修官前翰林院侍读教习壬辰科庶吉士翰林院编修日讲起居注官翰林院侍读学士加三级充续文献通考馆总纂官平定金川方略馆总校官左春坊左庶子翰林院侍读国史馆总办官翰林院编修加五级办理院事协办福建学政壬午科顺天乡试同考官教习辛巳科庶吉士庚辰科会试同考官殿试执事官己卯科山西乡试正考官翰林院庶吉士充武英殿纂修官愚表侄纪昀顿首拜撰

赐进士出身朝议大夫原任广东惠州府知府前大理寺右评事江南庐州府合肥县知县泗州天长县知县苏州府元和县知县徐州府丰县知

---

① 见民国十四年(1925)《献县志》卷十八下《故实志·金石篇》,又见民国二十年(1931)《乐寿陈氏族谱》。

县江宁府上元县知县句容县知县通州如皋县知县充丙子科江南乡试同考官己卯科武乡试同考官年家眷姻弟李棠顿首拜篆

赐进士出身诰授中宪大夫原任江西通省督粮道兼巡南抚建等处地方按察使司副使前督理江西通省驿传盐法道兼巡瑞袁临等处地方布政使司参政河南分守河北兵备道管辖彰卫怀等处地方按察使司副使开封府知府陈州府知府祥符县知县商丘县知县林县知县台山年家姻眷弟张受长顿首拜书

先祖母陈太恭人弃世早，故先大夫鞠于外氏，先叔复娶于陈，不忘母族也。雍正壬子，先叔母卒，舅祖母郭太恭人复以先母张太恭人为义女，故昀亦尝寄养舅祖家。时睿智公年甫冠，冯太夫人亦新于归，朝夕抚摩昀，视犹子侄。迄今四十七八年，童子时嬉游之地，一一如目前也。乾隆丙辰，随先大夫官京师，每归里应试，必谒公及冯太夫人，视之仍如髫龀时。后南北宦游，乙酉仲春再归里拜谒，则公及冯太夫人皆苍颜矣，絮絮谈旧事，怅惘者久之。公卒以丙戌，冯太夫人卒以丁酉，适昀皆在京师，未奠帷一哭，意恒歉歉。己亥春，公冢孙浑等将举葬事，以行状属昀铭。嗟乎！昀何等行状始能铭哉？

尝闻之先大夫曰：陈氏先世马邑人，始祖讳得新，明初乃迁于献。二世讳友林，三世讳英，四世讳思义，五世讳大川，并以耕读世其家。六世讳瓒，明嘉靖丁未进士，历官南京户部尚书，卒赠太子太保，谥简肃。官户部左侍郎时，祖、父如其官，陈氏于是始盛。七世讳志，武举人，荫锦衣卫千户。八世讳经略，廪膳生。九世讳令俶，候选州同。先祖母陈太恭人，即公长女也。十世讳颖孙，候选通判，覃恩貤赠朝议大夫户部陕西司员外郎加二级，是为公父。昀生晚，不及见，然犹及见公母郭太恭人。

公无兄弟，又早孤，郭太恭人爱之甚，然督教不少假借。公亦刻意自立，幼即凝重如成人，不幸遘耳疾，不能竟举子业，然通书史，明大义，家庭宗族咸雍睦无间言。冯太夫人亦河间旧族女，具有家法，能以礼佐公。公既绝意仕进，乃专志治生，家日以裕。冯太夫人尤以勤俭为一家先。犹忆壬子、癸丑间，昀随郭太恭人寝楼上，公居楼之东，每晚必俟郭太恭人寝乃还室。或夜半睡醒，必闻公与冯太夫人摒挡家事，甫辨色，已闻呼诸役夫治穮锄灌菜瓜，次呼仆婢理庖湢理诸杂务，闻郭太恭人启扉声，已并立户外问安矣。率日以为常，时昀犹无知，意谓天下人皆必如是。由今思之，此景岂数数见哉？

先大夫尝谓昀曰："士大夫奢荡相高，非长子孙之道。至于鄙啬以自肥，一切骨肉亲戚泛泛如陌路，亦非长子孙之道。睿智自奉极淡泊，而族有贫者必周之，有死者必葬之，有争者必出己资以排解之，其欲读书而不能者，又立社学以教之，未尝惜也；舅氏子窘于生计，日赡之为常，姊有遗孤窘于生计，亦日赡之为常，且为纳资入国学，未尝惜也；河城有桥，久圮，行旅病涉，独修复之，未尝惜也；佃户负债四五百金，一旦尽焚其券，未尝惜也；简肃公墓碑石表岁久渐欹颓，不谋众族而独修之，未尝惜也。此其意量居何等，岂屑屑守财者所知耶？"先太恭人亦尝语昀妇曰："吾亲串皆巨族，治家各有法度，然无如尔五表叔母者。其治家严而有恩，勤而不琐，俭而能中礼。每入其室，觉和气蔼然，而百事自有条理。此吾所学之不至者也。汝辈识之。"嗟乎！先大夫、先太恭人皆不轻有许可者，此必有深契于心者矣。

公讳聪，睿智其字，候选州同，覃恩赠朝议大夫户部陕西司员外郎加二级。生于康熙五十年十一月二十五日，卒于乾隆三十一年十月二十六日。冯太夫人，河间廪膳生讳师恺女，诰赠太恭人，生于康熙五十二年四月初十日，卒于乾隆四十二年四月初六日。子四：长凤书，生员，早卒；次鸾书，候选布政司经历；次鲲举，官户部陕西司员外郎；次鹤冲，岁贡生。女六：长适交河监生王毓松；次适深州汉中府知府田自励；次适安平监生门煜；次适昀从弟布政司经历旭；次适大城生员刘德华；次适深州监生李世宝。孙四：长沄，生员；次沛；次沣；次澂。孙女六。曾孙一，锡龄。铭曰：

勤俭者家昌，忠厚者泽长。猗欤典型，克式于乡。贞石不磨，永播尔芬芳。

候选布政司理问貤赠儒林郎布政司经历陈公瀛西合葬墓志铭①

　　诰授光禄大夫经筵讲官礼部尚书兼文渊阁直阁事充实录馆大清会典馆总裁官表侄纪昀撰
　　诰授荣禄大夫刑部左侍郎姻侄初彭龄书
　　诰授资政大夫兵部侍郎兼都察院右副都御史巡抚福建等处地方提督军务兼理粮饷姻侄李殿图篆盖

　　得位而后立功名，遇变而后见气节，如安常处顺，循循规矩，自完其一身一家之事，此分所当然，不为异能也。然载籍所传，耳目所及，有王侯将相，勋业盖一世，而询其家庭骨肉之间，往往不能无遗憾，甚有讲道名儒圣贤自命如胡致堂，计较恩怨不持生母之服；吴康斋不咸于弟，至囚服而对讼庭者，亦间为后人所评议。至于诵法圣经拘泥古义如方望溪先生，必欲小功同财，以致断断不相安，先生自载其事于文集，是又贤者之过矣。然则立身端谨，治家雍睦，使乡里无不称善人，岂易事哉？

　　表叔陈公瀛西，献县旧族也。天性质朴，故读书未能卒业，行事则无不衷于理。弃举子业后，即代父理家政，犁然无不当父心，倚之如左右手。与兄瀛南公异母，怡怡相对，公无纤毫之意见，瀛南公亦无纤毫之意见。亲戚仆隶久而相忘，或且竟不知也。后虽以食指日繁，势不能不析爨，然始终如未析爨者，非轻外物而重天性，其孰能之欤？平生雍睦宗族，尝举一体四肢、一肢五指为异派同源之证。如李文贞公之所言，有急必周，未尝吝惜，或有参商者，公一与排解，莫不孝弟之心油然而生，以身示法，故言易从耳。旁及亲串，虽远近不能无差等，而推念先人，拯贫救患无歧视。先姚安公与公为表兄弟，较公齿长，久宦于外，未数数接洽。余亦叨系朝籍五十余年，尤与公疏阔，然余奉讳归里时，公视之如亲子侄。余尝谓，先祖母陈太夫人早逝，姚安公幼鞠于舅氏德音公

---

　　① 见民国十四年(1925)《献县志》卷十八下《故实志·金石篇》，又见民国二十年(1931)《乐寿陈氏族谱》。

家。至康熙癸巳中乡试乃归,故余与德音公一房幼相娴习,出入内闼如子孙。父振子公,虽与姚安公同砚席者十余年,情谊最笃,而振子公迁居肃宁,余未能自幼侍左右,公之待余家乃一如德音公之待余家也,非能推祖父之旧爱,能如是乎？数十年不相见,尚能推祖父之旧爱,公之用心非仁人君子之用心乎？以视彼深谈性命高语事功者,其相去何如乎？

公殁后,公之子应鸾以墓志委余。余不得而辞也。

公讳肃,瀛西其字,以生于肃宁,在河间西也,为前明户部尚书陈简肃公五世孙。高祖讳志,明武举人,荫锦衣卫千户。曾祖讳经略,县学廪膳生。祖讳令俶,候选州同。父讳肖孙,候选通判,以孙鸿举貤赠文林郎,浙江仙居县知县,配李安人、王安人、赵安人,副室王安人,均德性柔嘉,见称族党。子三:应鸾,国子监生;文鸾,县学廪膳生,举优行;祥鸾,县学生。女四:长适南皮县附学生高文英,次适深州候选州同赵盛斌,次适交河县廪膳生苏肇仝,次适景州张。孙八:长恪,次蕫,候选布政司经历;次憘,次恺,次恂,次怡,次芝,次恬。孙女六。

公生于雍正丙午九月二十八日,卒于乾隆戊申四月十二日,六十有二。

应鸾等将以嘉庆癸亥三月十九日葬公于祖茔。余为之铭曰:

庸行之难,难于卓行。我勒贞珉,事皆有证。乡党流传,应慨焉其起敬。

皇清诰授中宪大夫日讲起居注官左春坊左庶子提督陕甘学政芮君铁崖墓志铭①

赐进士出身诰授光禄大夫文渊阁直阁事礼部尚书年家眷同学弟

纪昀顿首拜撰并书篆盖

左春坊左庶子铁崖芮君,以乾隆五十有三年八月十二日卒于陕甘学政任,年五十五,其孤既归丧于宝坻,将以乾隆五十有四年　月　日葬于　屯之

---

① 该墓志于20世纪80年代在天津宝坻县出土。

原,而请予铭其墓。

君讳永肩,字后庚,铁崖其号也。先世以国为氏,其远祖琦赠甘肃巡抚,自溧阳迁宝坻,遂世为宝坻人。曾祖国鼐,庠生。祖济,庠生,貤赠中宪大夫,左春坊左庶子官。考复健,乾隆癸酉举人,诰赠中宪大夫,左春坊左庶子官。妣尤氏,诰赠恭人。赠公生子二,长永旭,君其次也。

君年十六,始习制艺,学无专家,既得陈大士稿,读之则曰:"吾今而知文之不易知者,乃足学也!"从兄进士永祺,谓君文似大士,他日必名于时。君中乾隆庚辰进士,改庶吉士,授检讨。家素贫,力不能迎养,然君尝曰:"宁舍官以就亲,勿舍亲以就官。"君既奉二人至官舍,誓率其妻子饱藜藿而不忍以不足者养亲。君居赠公之忧,哀毁骨立,持丧方数日,至白其髭发。服阕,补官,充国史馆纂修。辛卯典试四川,归至良乡,闻太恭人卒,君恐以号哭怵路人听闻,哀郁昏仆,几不能归其邸舍。既成丧,祭葬尽礼。服除,以原官充讲官如故,擢赞善迁中允。丁酉,充顺天乡试同考官,擢翰林院侍讲。己亥,充顺天乡试同考官,后以假旋复补官侍讲。癸卯,奉命典试湖南,大风过洞庭,舟将覆,波涛砰盖,舟人叫号错杂不可辨,邻舟数十皆相视就漂没。君独晏然处之,而非以强饰见暇豫。然则君之处大事可知已!甲辰,充会试同考官,旋授侍读,擢左春坊左庶子,钦命提督陕甘学政。君之训士也尚实行,而其励行也尚不欺,谓士以考试滋弊自欺焉而已。上以诚求士,以欺应罪孰甚焉,故君所至,令不苛而弊皆绝,以其能教士于平时,俾知不诚之足耻也。翰林地极西北,君试士时,天大雨雪,万山寒冽之气近逼肌骨。君出赀市薪炭,令士就温燠,然后责为文。是日,士有缊袍忍寒几濒于死者,则曰:"公实生我。"戊申三月,试巩兰,其地回番杂。君校士,尤慎且勤,或劝君节劳勌,不然则愈。君曰:"予不敢负天子简命,恃此心尔。且此试也,合千百人之精力尽瘁于一日,而予以一人之精力应之即尽瘁焉,庸足相当乎?而况乎其求暇逸也。"君之不懈厥职,始终若一,所见类如此。君患痰疾,旋愈,八月卒于三原官署。夫文学之士,胥以藻耀相尚,至身为词臣,其所自任与相推进者,率不越文章之事。君官翰林三十年,独推本于暗修,践履敦笃,含美不彰,君岂犹夫人之志与行哉!

君配王氏,诰封恭人。子三:长其鹰,廪贡生;次鹰,廪生,出为从兄永馨嗣;次庚,国学生,出为伯兄永旭嗣。女二:长适庠生沈以谟;次适举人刘堪。孙男二:长谐;次韬。女孙一。铭曰:

呜呼芮君,恪守渊轨,北方之学,古多君子。君志乎斯,行能安止。孝弟是敦,忠信认訾。训士若何,诚以正己。予于乡人,敢区彼此。独见良士,握手忻喜。呜呼芮君,德修而死,善积庆延,以待孙子。阡松郁郁,冈石累累。修壤既安,社祭伊始。

皇清诰赠朝议大夫湖广道监察御史加级尔惠孟公墓表①

赐进士出身诰授荣禄大夫礼部尚书文渊阁直阁事通家侍生河间纪昀顿首拜撰

赐进士出身诰授中宪大夫巡视东城都察院掌贵州道监察御史姻眷再侄曹锡龄顿首拜书丹

太谷孟家庄之东南原,余己卯所得孟氏子生蕙之先茔在焉。其祖赠公葬于是,葬之后四年,以生蕙官诰赠奉政大夫吏部文选司员外郎。又五年,晋赠朝议大夫湖广道监察御史。嘉庆庚子五月,特书来请于余曰:"生蕙等少有成立,非先大父教诲之力不及此,敢乞言以述祖德。"余忝通家谊,素知梗概,爰如其请。

按,公龆龀时即聪敏英慧,稍长,卓荦不群。嗣补学官弟子员,为文洋洋洒洒,有大家风骨,见者击赏,谓芥拾科第易易耳。屡摈乡试,旁观者无不扼腕。公恬然不在意,惟深研经术,博览诗词古文,以培植后人。为是,次子启疆以明经司铎,孙生蕙、昆仲先后掇巍科,皆公所亲课者。其教人先品行,而后文艺,常言读书人须将急功近利、锦衣美食念头扫除尽净,方可此道中问津,方能世

---

① 见《孟兰舟先生诗文稿》不分卷附录一卷,清抄本,中国国家图书馆善本部藏。

俗中立脚。不然，无论其不能有所成就也，即幸而有成，不过庸夫俗子而已，算不得人品学问，干不出功名事业。观此是何等胸襟识量。中年丧父，后衔恤靡已，每生忌日，辄唏吁饮泣，终其身不改此度。事母极诚敬，年逾花甲，甘旨必亲奉，孺慕之真，依依如赤子。两弟以析居为便，即如其意，始终无间言。性潇洒，于一切不屑，琐琐家事悉以委长君。家固寒素，虽蔬食菜根，不厌也。课读之暇闲，与二三知己，临池赋诗，尚论古今忠孝节义事，无亵狎，亦无戏言。居恒慎取舍，严义利，敦古道，顺人情，持公解纷，守正不阿，人或以是为矜式公，而不知公学问之本与大节所存，其启佑后人者，有不可没也。

乾隆癸未，生蕙捷礼闱，与馆选，公犹及见之，公之母犹及见之。五世同堂，兰荪秀发。金曰："积学之报，亦积德之报。"公瞿然曰："是非敢言，惟自问生平无负心事。吾不负吾心，天其负我耶？我未得而得之于子孙，天之所以报我者至厚也。吾复何憾焉？"

公讳熙，字尔惠，山西太谷人。曾祖之晋，前朝武举，候推守备，大义凛然，事载邑乘。祖，邑庠优生。父鸿品，赠中宪大夫。母赵氏，赠恭人。鸿品公三子，公其长也。公以康熙三十七年九月八日生，卒时乾隆丁亥三月十一日也，寿至七十。配武氏，诰赠宜人，晋赠恭人，主中馈务，勤俭克敦妇道，允称巾帼仪型，生于康熙三十六年三月十七日，先公二年卒，距生时寿六十有九。乾隆戊子二月十二日，合葬于祖茔之次。子男三人：启周，赠中宪大夫、工科给事中，配吴氏，封太恭人；启疆，汾阳县教谕，封奉政大夫、顺天府西路同知，配高氏，封宜人；启堂，赠文林郎直隶清河县知县，配张氏田氏，赠孺人，继配郝氏。女子二：一适邑庠生吴恒敬；一适国学生程天民。孙九人：生贲，赠中宪大夫、工科给事中；生蕙，乾隆癸未进士，历官至通政使司参议；生蔚，浙江试用府经历；生草，乾隆戊戌进士，顺天府西路同知；生兰、生莒，庠生；生藻、生英，从九品；生万，业儒。曾孙十八：毓纪，候选县丞；毓纲、毓绪、毓纶、毓璋、毓绂、毓绶，国学生；毓玮、毓瑾、毓琬、毓瑨、毓淳、毓纹、毓勋、毓瑞、毓瑗、毓缜、毓继，俱业儒。元孙七人：守诚、守谟、守信、守谦、守诫、守和、守科。

夫不知其祖父，视其子孙，今绳绳继继，后先济美，非盛德何以至此！且生蕙肫然恤然，越二十余年而不忘其祖，如是可以知公之为人，即可以知公之教诲矣。又闻谷邑之称望族者，首推孟氏，益可证余言之表其实而并无虚美云。

恭跋御赐题孙觉《春秋经解》七言律诗刻石[①]

乾隆癸巳，诏求海内遗书，以充四库。中外献书及格者凡十三家，皆择其珍秘之本，御制诗章弁于首，俾世守以示褒异。

臣昀幸与其数，蒙赐题孙觉《春秋经解》七言律诗六韵，宝墨辉煌，重光奕世。既而命以是书付武英殿剞劂，户部尚书臣王际华宣示定本第四句下有御注"周麟之跋云：'初王荆公欲释《春秋》以行于天下，而莘老之传已出，一见而有忞心，自知不能复出其右，遂诋圣经而废之曰：此断烂朝报也。不列于学官，不用于贡举者，积有年矣。'其说虽未必尽然，而是书为当时所重，亦可见矣"八十七字，第十一句下有御注"此书于绍兴间，阳羡邵辑任高邮时镂板郡斋，檇李张颜又因其移书以周麟之跋语附益卷末，识而弄之。今为翰林纪昀所藏，仅有抄本耳"五十四字。盖限于卷端尺幅，未及备书，而其详则载御集。跽读之余，弥增忭幸。伏念臣学殖疏芜，谬蒙简擢，得总司编录，遍窥石渠、金匮之藏，已为望外，乃复以家传旧笈上尘睿览，邀锡奎章，稽古之荣，尤逾常格，实不胜凫藻之至。谨恭摹宸翰，镌勒贞珉，以昭恩遇，并敬述始末，传示子孙，俾无忘焉。

丙申五月廿四日，四库全书处总纂官、翰林院侍讲学士臣纪昀恭记

问于曾子[②]

以士师之道问大贤，得所问矣。夫曾子非习为士师者，而肤为士师乃问

[①] 见河北省沧县东白塔村纪氏后裔纪根长所存原石拓片。

[②] 以下二则，见清刘有铭选评、刘恩溥辑《畿辅文粹》初编，光绪三年撷华书局铅印本。

之，则意有在矣。谓非知所当问哉？今以生平未习之事，而欲有为于其间，此不得不预商所处也。况国脉所关，民命所系也乎。然使所商之人，其见亦同于世俗，则参以文吏之议，究不合儒者之指归。虽疑所当疑，犹未为质所当质也。孟氏使阳肤为士师，则为士师而已矣，何待问哉？

然士师居司寇之下，其位稍尊，尊则调剂有力焉。一失其平，而朝廷大政且随之，不可不熟计而踌躇也。

士师董乡遂之成，去民为近，近则利病先及焉。一逞吾臆，而吏胥奉行且甚之，不可不长虑而却顾也。为是职而问所当为，固其宜也。

吾党匡居一室，恒郁郁不得自申。一旦偶庆曹逢，得司听断，或操或纵，竟总持威福之权，方且务见所长，以快毕生之意气，即同官参赞，尚嫌其与我分功，其谁肯得志之余，更北面而聆诰诫也。阳肤此问，其尚有患所以立之思耶？

吾党诵法先王，恒隐隐有以自负。一旦幸蒙拂拭，得掌刑章，为猛为宽，竟独制死生之命，方且坚持所学，以决天下之是非，即变态参差，亦以为断无此理，其谁肯服官之始，更虚心而事咨询也。阳肤此问，其尚存吾斯未信之心耶？

吾独感其不问他人，而问于曾子也。

职业恒精于所习，前事不忘，后事之师，新与故固相代矣。士师之道，还问之士师可也。乃不考成规于狱吏，转求治术于儒生，殆不以法律为法律，而欲以诗书为法律也，特虑夫宜古者或不宜今，故微相酌耳。

意旨必禀于所尊，上之所行，下之所效，长与属固相统矣。孟氏所举，还问之孟氏可也。乃不咨朝议于国卿，独乞教言于师长，殆不以刑名为刑名，而欲以首先为刑名也，特患夫明理者或不明势，故还相叩耳。

昔孔子之为司寇也，诛所当诛，闻人之罪弗贳焉；舍所当舍，父子之狱弗竟焉。义之尽，仁之至也。曾子传孔子之学，而以哀矜勿喜告弟子，是儒者之指归异于文吏者也，阳肤可谓得所问矣。

闵子骞曰上矣

辞之而仍戒其复也，语婉而意决矣。夫善为我辞，婉之至也。汶上一言，又何其决乎？其斯以为闵子耳，且出处之交，可以观君子之识力焉，而亦可以观涵养之粹者，能使方严不苟之意，一出于和平，并能于优柔不迫之中，自存其峻厉。若闵子之辞费宰也是已。当是时，使者在门，辞者在室，其鄙夷不屑之念，既不欲以明言，而坚贞不易之操，又深虞其见迫，遂婉言曰："费宰之使，子大夫乃加于我乎？"

经纶可试于局中，则一邑一官，亦思少造苍生之福，而迂疏寡效，无如自审之已明。

遭遇适逢于望外，则采葑采菲，亦当深感知己之恩，而枯槁难移，终觉素心之莫易。

非敢曰干旄干旟，徒眩幽人之目也。第思夫何以畀之，何以予之，则此意不胜其惕惕。盖受知甚易，而酬其知者则甚难。学问中有深浅，大夫不知，我岂亦不自知乎？辗转不安之意，祈为委婉以传之，使恬退自全，亦足裨大夫之风教，是即相知以心也。不然，而逼迫无已，计惟有决而逃耳。

非敢曰濡翼濡味，无当处士之心也。第思夫不称其服，不遂其媾，则此心倍觉其兢兢。盖相需者殷，斯应其需者不容苟。延揽下有虚声，大夫已误，我岂可以再误乎？殷勤物色之心，求为珍重以谢之，使素餐免诮，亦足澄大夫之官方，是即相爱以德也。不然，而勉强相招，计惟有逝将去耳。

际会风云之始，古人每不肯以轻投，故三聘而来，尝以徐观其诚意，而支离无用之质，则非其伦也。觉受之而有愧，必避之而始安，未事之先，姑与商或然之虑，计穷思变，早已预计于将来。

父母桑梓之乡，君子又何忍于轻弃，故九州可历，原非得已之苦心，而进退维谷之时，或不遑恤也。虽深负于隆仪，亦自完具末节，已成之局，且存于观望之间，委曲周旋，并原弥缝于未至。

吾子往矣，幸而得请，则啸歌一室，皆子大夫之赐也。不幸而不得请，则税驾他邦，非子大夫之所知也。善为我辞焉，如有复我者，则吾必在汶上矣。

所恶于前[①]（节选）

谋己而不谋人者，物之情，有害在前，前者思逯；有利在前，前者必趋；此亦居于至便也，而后者乃大非所便矣。吾于其隐忍不安者，知受抑者之隐忍不安，亦同此理，而一时之瞻望弗及，尽可为前事之师矣。乐胜而不乐负者，俗之习，后而欲前，急不能待，前而忽后，退不自甘，不免起而相陵也，而前者已不堪其陵矣，吾于其长虑却顾者，知所排之者长虑却顾，不异此情，而一时之迫蹙不安，亦可为前车之鉴矣。

[①] 见梁章钜《制义丛话》卷九。

纪晓岚佚诗

编校说明

该卷由李忠智、孙建、李兴昌、张寿山、周林华辑佚、点校。

戏题二首①

草草移家偶遇君,一楼上下且平分。耽诗自是书生癖,彻夜吟哦莫厌闻。
仙人果是好楼居,文采风流我不如。新得吴笺三十幅,可能一一画芙蕖?

题侍姬沈氏遗照②

几分相似几分非,可是香魂月下归。春梦无痕时一瞥,最关情处在依稀。
到死春蚕尚有丝,离魂倩女不须疑。一声惊破梨花梦,恰记铜瓶坠地时。

题潘南田梅花绝句③

水边篱落影横斜,曾在孤山处士家。只怪樛枝蟠似铁,风流毕竟让桃花。

题顾晴沙画④

深浇春水细培沙,养出人间富贵花。好似艳阳三四月,余香风送到邻家。

题朱石君画

乞得仙园花几茎,嫣红姹紫不知名。何须问是谁家种,到手相看便有情。

题秋海棠

憔悴幽花剧可怜,斜阳院落晚秋天。词人老大风情减,犹对残红一怅然。

---

① 见《阅微草堂笔记》卷三《滦阳消夏录三》。
② 见《阅微草堂笔记》卷十二《槐西杂志二》。
③ 见《阅微草堂笔记》卷十六《姑妄听之二》。
④ 以下三首皆见《阅微草堂笔记》卷二十《滦阳续录二》。

《乌鲁木齐杂诗》补遗一①

炉烟袅袅众香焚,春草青袍两面分。行到幔亭张乐地,虹桥错认武夷君。
部议两厅建文武庙,因兵力未暇修举,至今张幔以祀。

初开两郡版图新,百礼都依故事陈。只有东郊青鸟到,无人箫鼓赛芒神。
百礼略如内地,唯未举迎春之典。

颠倒衣裳夜未阑,好花随意借人看。西来若问风流地,黄土墙头一丈竿。
凡立竿于户内,皆女闾也。或曰以祀神耳,非有他故。无从穷诘,莫得而明。

《乌鲁木齐杂诗》补遗二②

鸳鸯毕竟不双飞,天上人间旧愿违。白草萧萧埋旅榇,一生肠断华山畿。

石破天惊事有无,后来好色胜登徒。何郎甘为风情死,才信刘郎爱媚猪。

沩宁刘胡氏节烈③

有明失驭坤维倾,天狗堕地妖鸟鸣。赤眉铜马各啸聚,就中黄虎尤狰狞。谷城叛去鹰脱鞲,马蹄喋血中原腥。僵尸枕藉八百万,西连巴蜀南荆衡。湘灵瑟寂流水咽,女嬰砧裂愁云凝。盲飙卷地百卉尽,澧兰沅芷同凋零。哀哉烈妇死抗节,魂招不返枫林青。死时形状虽未悉,刀痕千百交纵横。定知骂贼触贼怒,当非拜叩求偷生。斯人若使巾而帼,拔舌讵让颜杲卿。明季大帅例獐却,寇来往往骑猪行。盐亭一箭事遂已,当年毕竟无人能。女云台卷虽戏谑,一时军政亦可征。
阮汉采古女子用兵事为卷,名曰《女云台》,以讥当日诸将。倘使武将不爱死,得如烈母完其真。空拳转斗亦足胜,何难立使黄巾平。我读轶事三太息,我诗欲作风

---

① 以下三首均见《借月山房汇钞》本《乌鲁木齐杂诗》。
② 以下二首见《阅微草堂笔记》卷五《滦阳消夏录五》,卷十二《槐西杂志二》。
③ 见同治《宁乡县志》卷四十三《艺文二》。

雷声。他年谁传高愍女,定知绝胜杨武陵。

题张开东扇致朱子颖①

到处青山汗漫游,偶逢知己便相投。衙官早与通名纸,好寄新诗共唱酬。

题《春风桃李图》②

桃李何曾属老夫,隔墙花影枉描摹。春风还幸曾相识,权当先生为补图。

答陆平泉③

一札迢迢自日南,只将绫刺贮空函。老夫得此心原喜,知汝居官定不贪。

吊宋秋圃先生④

长河呜咽带秋声,桂子坟头落未曾。老别乡关发似雪,病操笔札画如蝇。残编旧日梅花赋,荒草他年下马陵。问字元亭今已矣,怀人独愧大招能。

题三姓门生⑤

昔曾相府拜干娘,今日干爷又姓梁。赫奕门楣新吏部,凄凉池馆旧中堂。君如有意应怜妾,奴岂无颜只为郎。百八牟尼亲手捧,探来犹带乳花香。

小军机⑥

对表双鬟报丑初,披衣懒起倩人扶。围炉侍妾翻貂褂,启匣娇僮理数珠。

---

① 见张开东《白莼诗集》卷十一。
② 见翁方纲《复初斋外集》卷十七。
③ 见聂铣敏《蓉峰诗话》卷十一。
④ 见民国《德县志》卷十六《艺文志·诗外编》。
⑤ 见昭梿《啸亭杂录》卷四"三姓门生"条。
⑥ 见陆敬安《冷庐杂识》卷二。

流水是车龙是马,主人如虎仆如狐。昂然直入军机处,低问中堂到也无。

八十戏题①

白头萧散老尚书,还踏香尘从玉舆。自笑行装先载笔,词林习气未全除。

题四库馆壁②

张冠李戴且休论,李老先生听我言。毕竟尊冠何处去,他人戴着也衔冤。

题《芋花图》③

芋花难见似菖蒲,今日晴窗对画图。万卷牙签君腹笥,诗家曾赋此题无。无数秋风乍一开,偶然示现不因栽。正如百万青袍里,突出研经马郑才。

易田先生以此图索题,适有校书之役,遂度阁数月,迨奉使热河,濒行乃呵冻书一绝句,姑以塞白而已。丁未十月十日河间纪昀题

周东屏初举销寒会用壁间韵见示即依韵答之

苍苍岁寒色,古意集齐年。送喜征联璧,君新举孙。蠲疴忆一钱。同人惟钱南园以病初起不至。假宽期后会,唐人以京朝官□时聚会为宽假。真率认初筵。旧听高楼雨,痕留廿载前。初晤君于听雨楼,坐间语及之。

教 子④

养而不教父之羞,教子无如耕读优。能解诗书方不俗,不明义理最堪忧。规模定要师前辈,行事须防入下流。但得儿郎争志气,免教祖宗皱眉头。

---

① 见故宫博物院保管部藏纪晓岚诗作手稿。
② 见赵慎畛《榆巢杂识》卷上。
③ 以下二首见国家图书馆藏《名贤遗迹》。
④ 见步翼鹏《养正诗歌》卷二,民国十年(1921)铅印本。

赋得"羌无故实"得"诗"字①

为读钟嵘品,长吟谢客诗。月明初上满,雪积欲消迟。虚白光相映,高寒味自知。观空无芥蒂,照影入玻璃。一字何曾著,双清宛可思。钞胥安用彼,禁体定从斯。山水含晖处,池塘入梦时。芙蓉对初日,原未买胭脂。

赋得"花里寻师指杏坛"得"寻"字②

何处求师范,遥闻弦诵音。频经途曲曲,总隔树阴阴。幸得逢人问,才能负笈寻。数层坛址古,一带杏花深。苍藓微粘屐,红霞自满林。遗书窥鲁壁,雅乐听骞琴。喜有升堂路,无忘入室心。孔庭传道脉,圣主尚亲临。

信笔偶作此首,老荒久矣,殆不成文,阅之殊自笑也,晓岚又识

恭和御制赋得"临风舒锦"元韵得"当"字五言八韵③

句似临风锦,钟嵘昔表扬。金云潘所作,足与陆相当。此语从江左,其流至晚唐。宁知文有本,不以丽为长。雾鉴仪璘照,元音金石锵。浮华感侣律,彝训仰宸章。碕岸滋方润,璇源秘亦彰。应知求载道,理蕴溯中藏。

乙卯三月廿九日阅翰林散馆卷应制

恭和圣制赋得"春雨如膏"元韵得"讹"字五言八韵(戊午)

黍苗阴雨膏,读字自唐讹。训诂非从古,声音并转他。宁知津渗滤,乃酿气冲和。点水看鱼喋,催耕趁鸟歌。秧翻青滴沥,麦长绿婆娑。芳陇园堪画,新晴句细哦。春霖沾既渥,秋稼获应多。四野欢讴遍,宸衷慰若何。

---

① 见郭斌《纪晓岚先生诗注释》卷三,比《我法集》多出者。
② 见《安蔬草堂诗序》附作。
③ 以下见纪树馨装裱纪晓岚试帖诗手稿十一首,现藏天津艺术博物馆。

恭和御制赋得"怀德维宁"得"心"字元韵（癸亥）

六幕开仁宇,三霄仰智临。听期屏朝位,共识保釐心。轩镜长悬照,尧云遍作霖。康衢歌已奏,黼座念弥深。邦本勤培植,舆情细考寻。是垂皇锡福,尚廑命难谌。爱养原从古,诚求又见今。咸知传治法,帝典始于钦。

无 题

乾隆乙丑,汪文端公教习庶吉士,以"一箭中双兔"命题,韵限"双"字。江韵窄极,而其中可用之字,无一字不与题背,是日遂无不曳白。偶与青垣宗伯谈及,青垣不甚以为然。后改官沈阳,政成多暇,乃与赵孝廉以此题倡和,录以寄余,精思妙笔,行蜀道如康庄,可谓文阵雄师。不揣固陋,亦勉和一章,姑以塞白而已,非敢与钜公较后先也。

平原秋大狝,骦骑耀旌幢。忽讶星铓一,飞冲月兔双。惊弦争扑朔,鸣镝迅铮摐。并弩方骈首,横穿已贯腔。中真兼巧力,捷更胜矛𨨛。献获如鹣鲽,矜能笑羿逄。万人观猎喜,四裔畏咸降。伫看共球集,绥怀大小邦。

无 题

皇极居中建,恩波遍四瀛。覃敷能不匮,受福本多赢。久照三光耀,丰登万宝呈。康强心自泰,彝好颂同声。正位凝其命,升中告厥成。是皆功化浃,所以吉祥并。祖德渊源接,天申保佑明。八征勤耄念,宵旰尚持盈。

友风子雨（庚申）

风雨消炎暑,流云幂几层。吹绵初荟蔚,化水渐濡蒸。是有朋簪象,兼宜气母称。轻飔何翕翕,密缕更绳绳。来往形无间,滋生理可征。如龙从以类,似鹤和相应。箕毕欣同好,禾麻看浡兴。神皋沾芝景,作赋忆兰陵。

镜无蓄影

内史谈王化,连珠比拟工。九重明舜目,四照入轩铜。有象真非幻,无心色即空。妍媸非在我,迹相讵留中。来往随群动,虚明自寸衷。如云经眼过,与月印川同。万象归□化,担□重人公。澄观因万物,遐迩沐皇风。

赋得"窗中列远岫"得"窗"字五言八韵

齐代宣城守,遗踪在是邦。高斋驰眺望,远岫露岿嵷。矗矗环云髻,层层对绮窗。影涵明镜两,色映彩虹双。暮紫疑滕阁,峰青忆楚江。坐看排玉笋,吟到上银釭。便拟扶筇杖,相携度石矼。直登千仞顶,浩唱振新腔。

赋得"麦浪"得"和"字五言八韵（戊午）

宿麦经春长,菁葱入夏多。遥看风动影,宛似水生波。绉绿层层叠,浮光冉冉过。纤茎时起伏,远势尚坡陀。燕子惊还掠,渔人认竞讹。只言潮渺漫,不道叶婆娑。晴昼花争吐,芳林鸟亦歌。皇心仁育溥,气淑自羊和。

瑞麦芃芃长,鲜飙款款过。流光摇丽日,幻影漾晴波。绿衩三篙涨,青连万顷多。层层平复起,叶叶舞相摩。柳线高低映,烟丝断续拖。自然织水縠,谁与引风梭。玉屑行堪饵,霜镰已预磨。丰穰歌帝力,乐意总熙和。

赋得"山辉川媚"得"藏"字五言八韵

珠玉钟灵秀,英华本内藏。天琛深不露,地宝秘犹彰。瑶圃青葱蒨,璇源绿渺茫。烟生崖半壁,月掬水中央。岚气蒸虹气,波光借夜光。清晖行朗朗,圆折看泱泱。应识多含蕴,无须自表扬。词工由学富,可以悟文章。

阅微草堂砚谱

编校说明

《阅微草堂砚谱》，以广陵书社1999年7月版为底本，释文参考《纪晓岚文集》(河北教育出版社1991年7月版)第一卷《砚铭》、第三卷《年表》相关文字勘校，并以河南大学图书馆古籍室原版查验。

序 一

嘻嘻黄阁老歲歲鼎彝器早
歲發王宮詩禮官根楷卯
秋舉昔時硯席泰鄰次年
夜吟歌聲千切雲霄氣成
春來登瀛浩瀚芸閣秘煌煌
帝文照四部森起例仿摹製
井閬墨沿爛金匱相與觀摹
原往上發幽蠡二陸各何在尊
羨懷鹽致 何如手石
鹽正寫同岑專棄筆上徽
垣舊露楮珠筍
九十九硯齋泐銘邀月地老

屋古樹窗岑丹題朱筍
兩小幀書幀茶爐颭張侯汾
江之
相樹此幀張再摹軸就邢
江寕追尋謝樹證重滴
蘭陔派家學棠構茨圖
深流洑是卯庭訓傳奉之
勿失隆慶今稱俊者容覩
精粹不亞翠溪題
平生志 癸酉季仲下澣題
欠遠以流硯遠題雁堂孫香林屬
方綱 時年八十有一

序 二

剑门养疴日月悠忽绿阴绕屋红药翻皆范孙侍郎遣其子智怡赍砚谱拓本一册为文达公阅微草堂藏砚本将与宁津李濬之商付石印而嘱序於余之时方坐春秋佳日亭展之石几日光自树隙流入闪烁简册作绀碧色恍若砚石墨之然陈之於前焉砚

有出之
上賜者有友朋之所投贈者製作之雅
銘詞之精皆不能贊一辭獨思公當
全盛之
朝出諸城劉文正公門下以博學多聞
深結
主知居天祿石渠者數十年詞臣稽
古之榮罕有倫正公与文正子文清皆好

蓄砚互相赠遗甚至互相攘取公铭砚文中有谓太平卿相不以声色货利相矜而惟以此事为笑乐殆亦后来之佳话欤谱中又有文正赠公黄贞父旧砚公自记诗云此是乾隆辛卯岁醉翁亲付老门生则尤见前人师弟渊源之重而道德文章之切劘自少壮以至耄老笃信谨守无跬步之或违

余近年尤颇好砚每得石辄自铭之画长人静焚香磨墨对之检古帖数十字便觉灵府洞涤澉然涣然不知门外有輭红十丈也惜乎学问无成仅藉为娱老之具继不以声色货利丧厥志而以视老辈意境瞠乎后矣

丙辰清和月徐世昌书

风字形砚(赐砚)

砚额铭(篆书):赐砚

砚上侧铭(楷书):仿宋天成风字砚

砚背铭(楷书)：春之德风，大块噫气。从虫谐声，于凡制字。谷则为雨，润物斯济。石墨相著，行若邮置。岂惟天成，亦有人事。拟而议之，既纯且粹。乾隆御铭。印(三方)：含辉，会心不远，德充符。

砚下侧铭(篆书)：经筵讲官礼部尚书兼文渊阁直阁事臣纪昀敬藏，其子孙世宝用之。

八角砚

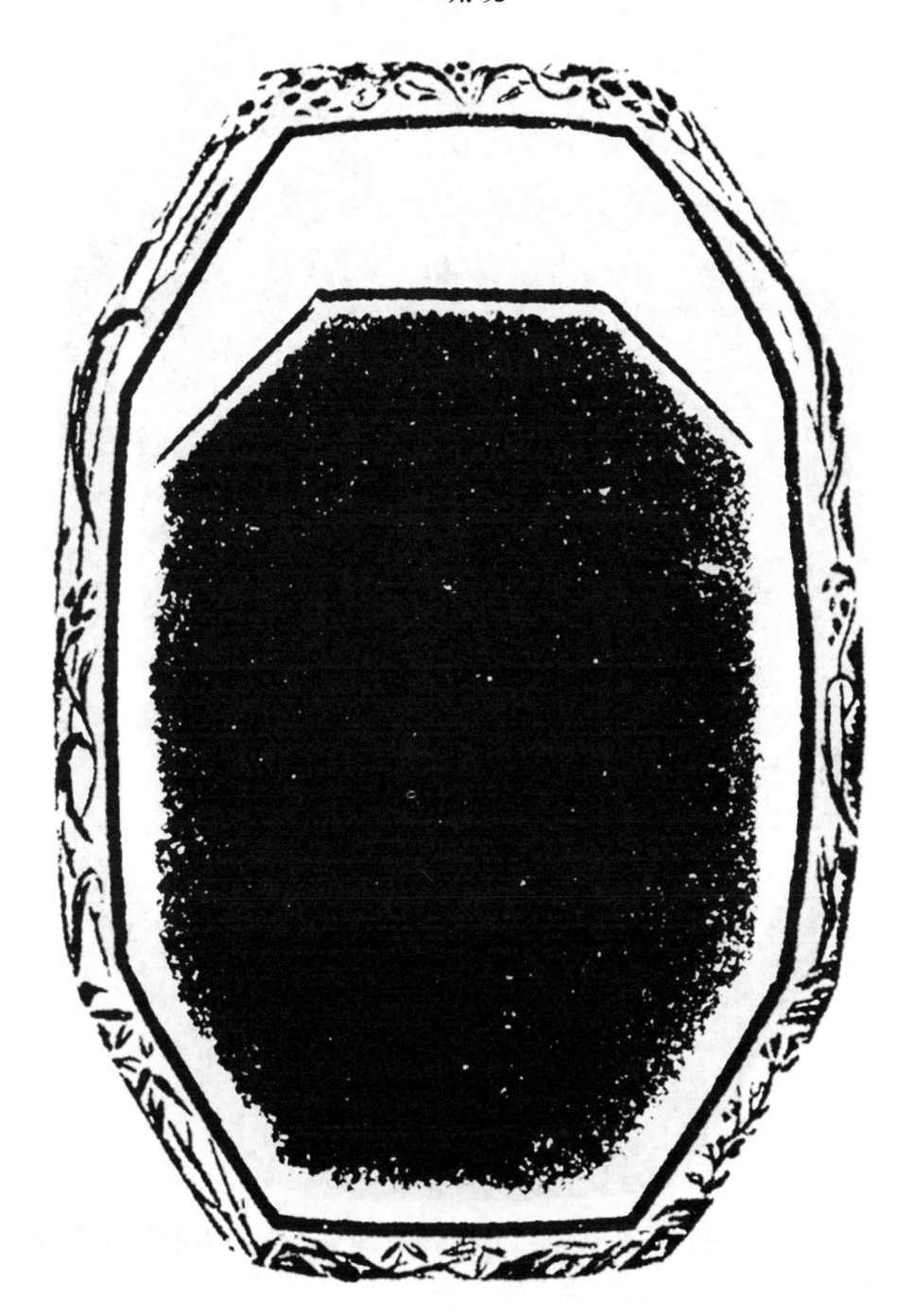

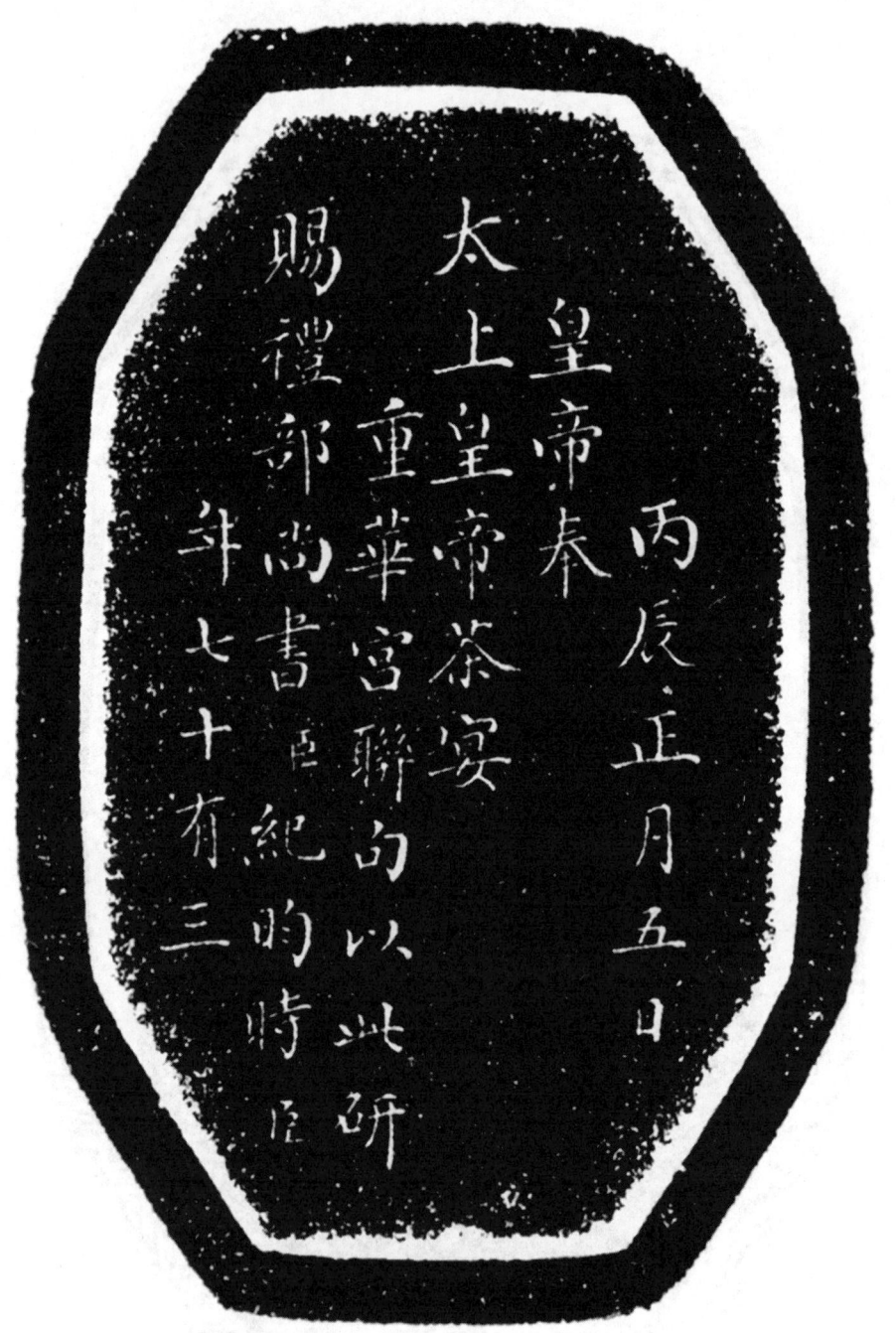

砚背铭(楷书)：丙辰正月五日，皇帝奉太上皇帝茶宴，重华宫联句，以此研赐礼部尚书臣纪昀。时臣年七十有三。

长方形砚(一)

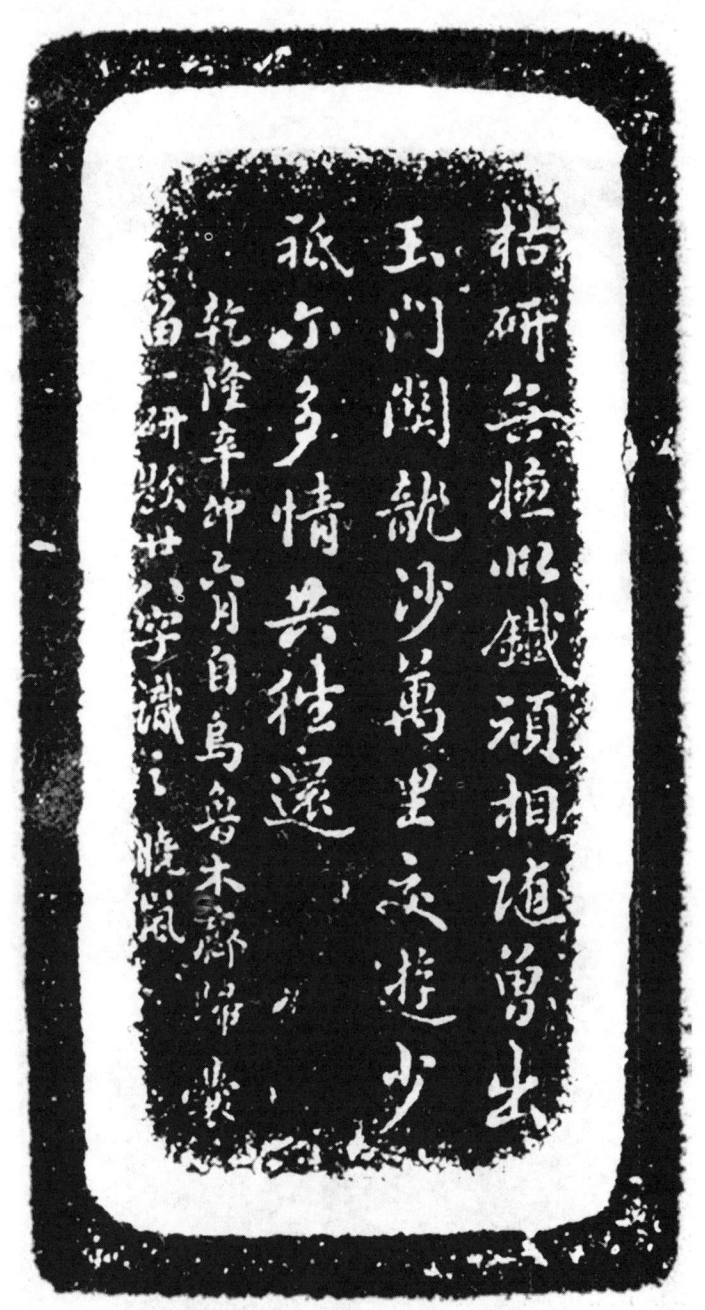

砚背铭(行书)：枯研无嫌似铁顽，相随曾出玉门关。龙沙万里交游少，只尔多情共往还。乾隆辛卯六月自乌鲁木齐归，囊留一研，题廿八字识之。晓岚。

椭圆形砚(一)

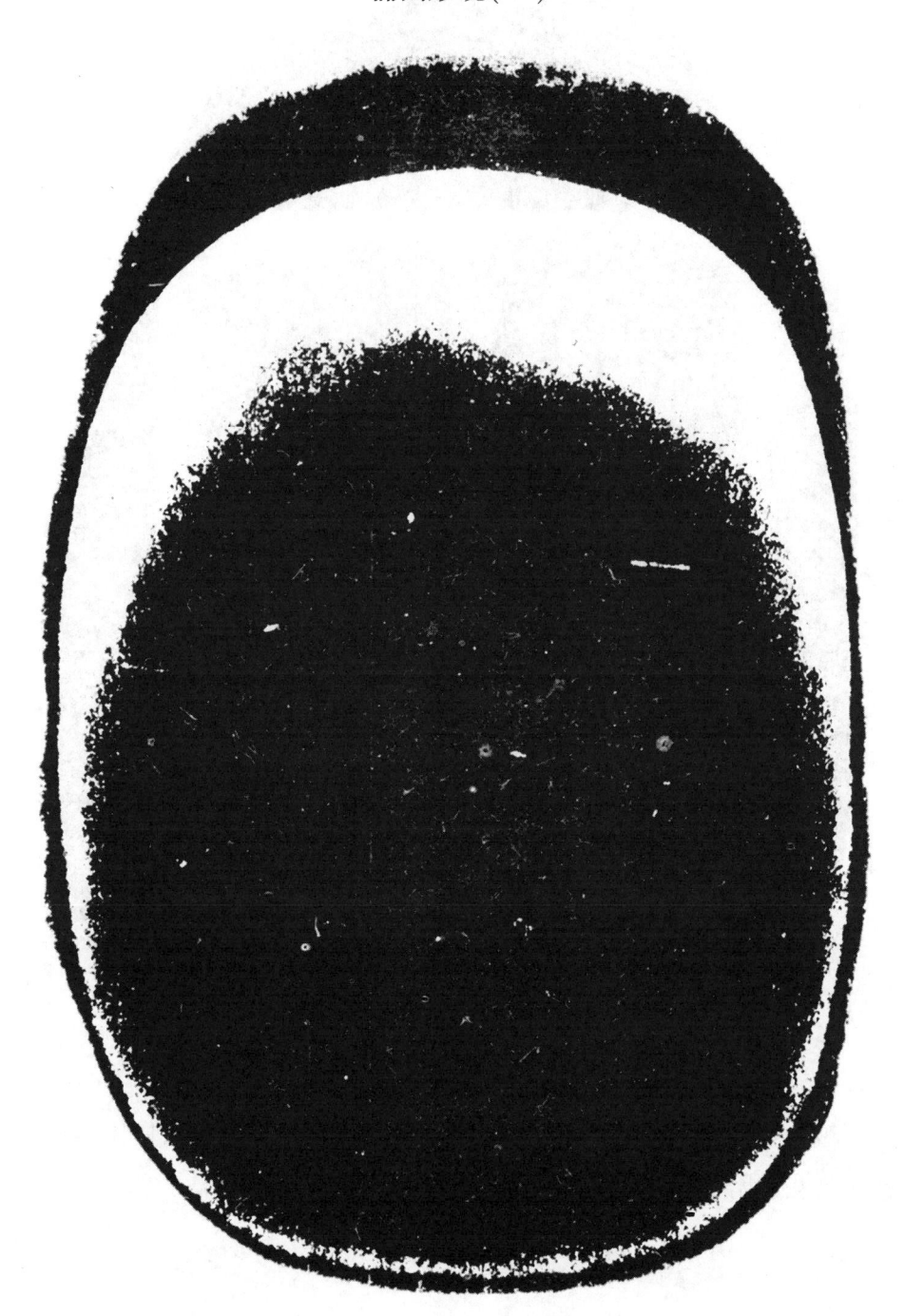

砚背铭(行书)：检校牙签十万余，濡毫滴渴玉蟾蜍。汗青头白休相笑，曾读人间未见书。晓岚自题。

长方形砚(刘墉赠)

砚背铭(楷书)：黄贞父研,归刘文正。晚付门人,石渠校定。启棂搦毫,宛聆提命。如郑公筍,千秋生敬。纪昀敬铭。

砚右侧铭(行书)：以静能寿，以有容能受，君子哉，吾石友。印：黄汝亨。

砚左侧铭(隶书)：刘文正公旧研。

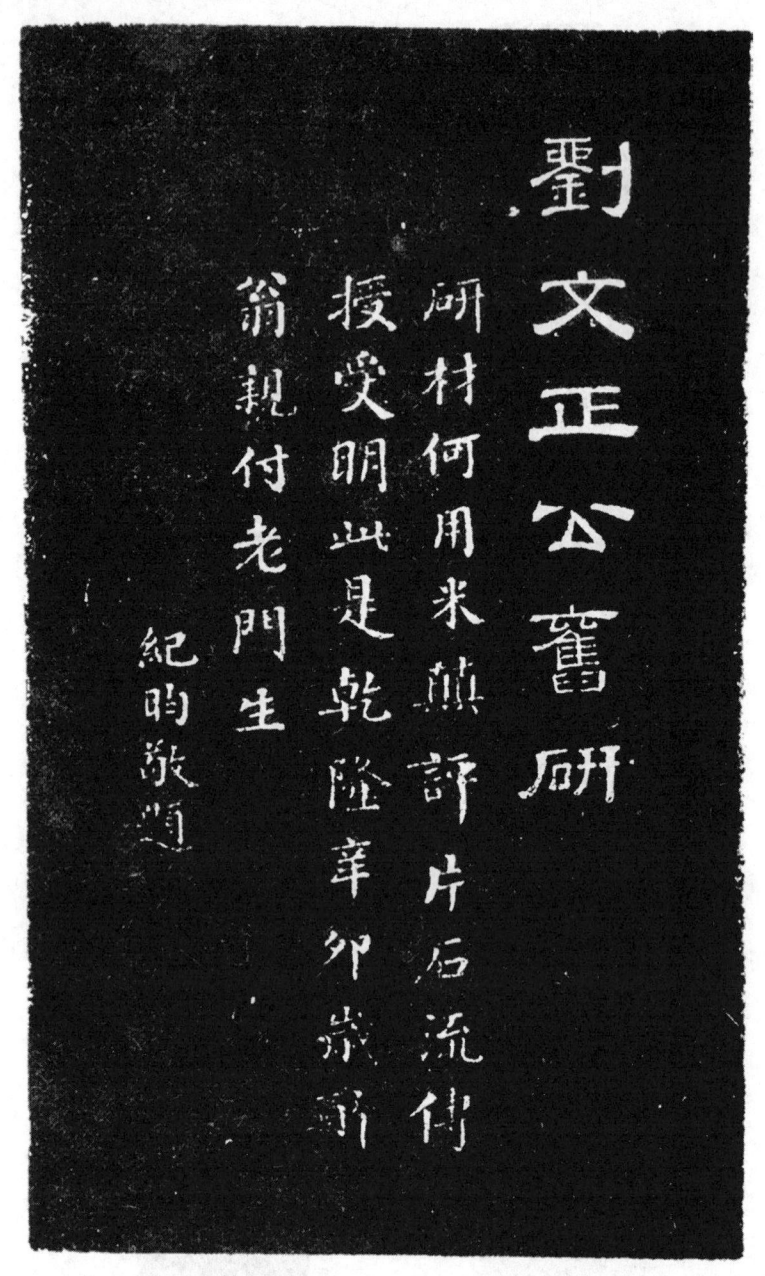

砚匣铭(右隶书):刘文正公旧研。

(左楷书):研材何用米颠评,片石流传授受明。此是乾隆辛卯岁,醉翁亲付老门生。纪昀敬题。

长方形砚(聚星)

砚背铭(篆书)：聚星。

砚右侧铭(隶书)：乾隆丙午六月，河间纪氏阅微草堂重制。

砚左侧铭(行书)：如星夜聚，映映其光。或疏或密，或低或昂。是为自然之文章。晓岚。

砚匣铭(行书)：宋太史砚，赏鉴家多嫌其笨，弃之不收；甚或割裂为小研。盖雕镂之式盛行，故相形见绌耳。此研乃明高斗南鸿胪旧物，后归五公山人，又转入束州孔氏。孔氏中落，以售于余，其不毁者幸也。偶与门生话及，因再为之铭曰：厚重少文，无薄我绛侯。如惊蛱蝶，彼乃魏收。嘉庆辛酉长至前六日，观弈道人题，时年七十有八矣。

松花石砚(澄绿)

砚背铭(篆书)：似出自然,而实雕镌,吾乃知人工之巧。幻态万千,赏鉴者慎旃。晓岚。

砚匣铭(上隶书)：澄绿。

（下行书）：张桂岩以此研见赠，云端溪绿石。余以其有芒，疑为歙产。老研工马生曰：是松花江新坑石也。松花江旧坑多顽，新坑则发墨。以其晚出，故赏鉴家多未知耳。此语昔所未闻，因镌志研匣，以资博识。庚戌六月，晓岚记。

刘墉赠砚

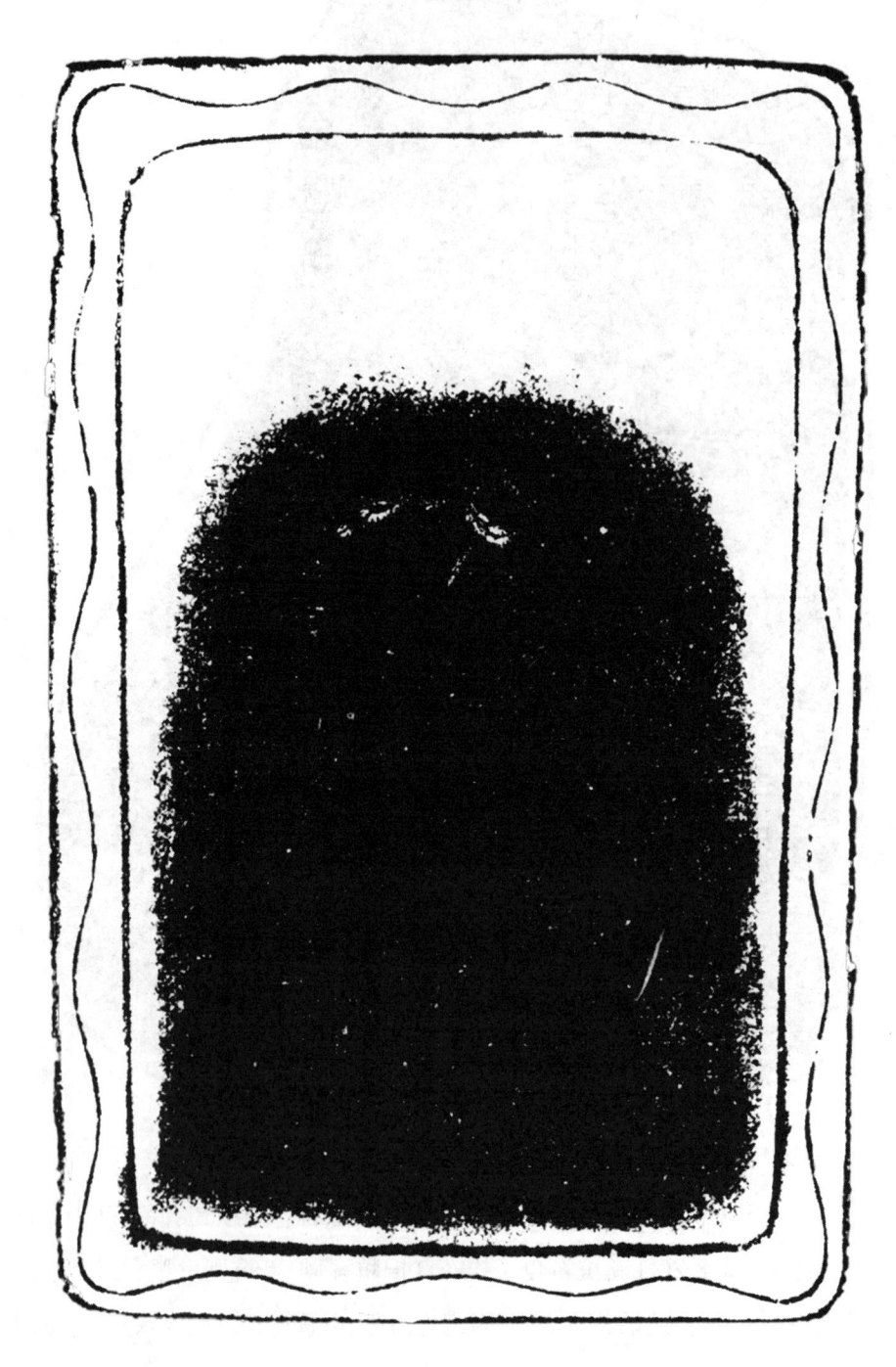

砚右侧铭(上行书)：坚则坚，然不顽。晓岚铭。

（下隶书）：粹温其外刚其内，其文两已互相背，知汝不为端紫辈。秉绶。

砚左侧铭(行书)：城南多少贵人居，歌舞繁华锦不如。谁见空斋评砚史，白头相对两尚书。师爌。

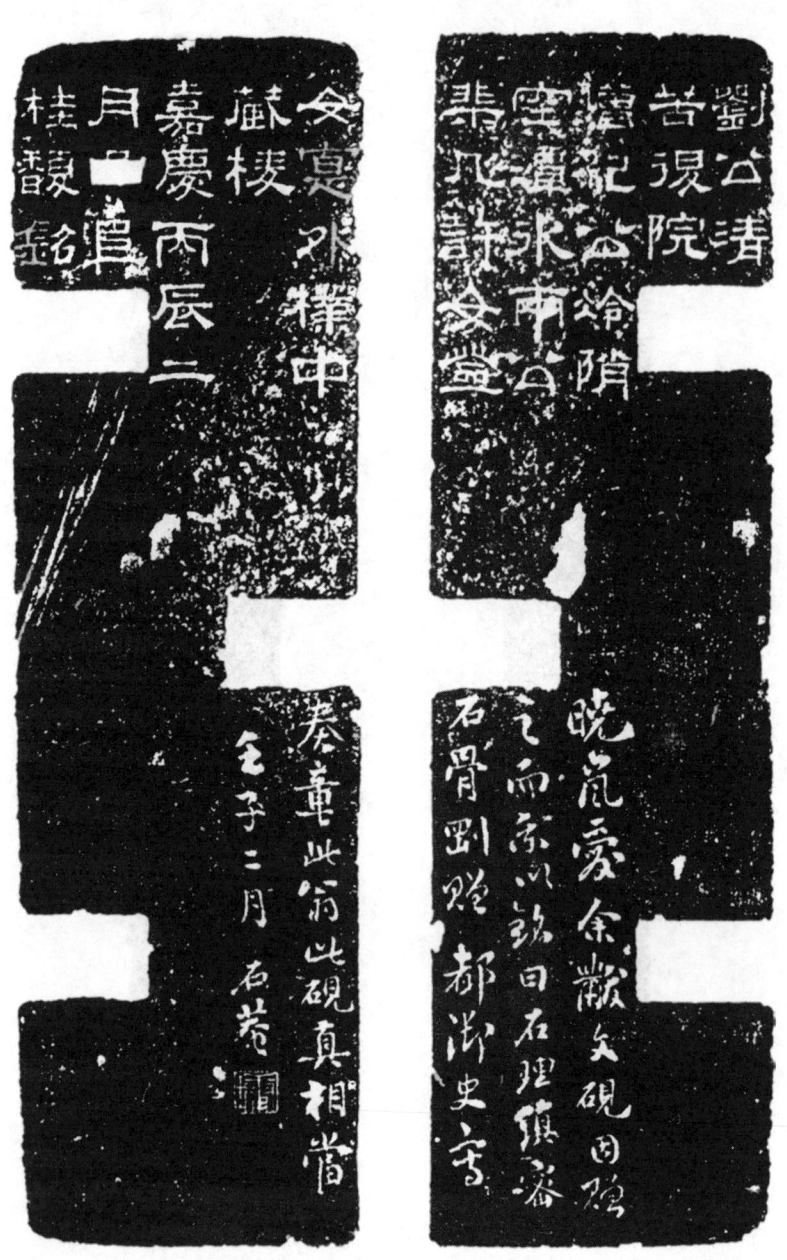

砚背铭(上隶书):刘公清苦得院僧,纪公冷陷空潭冰。两公棐几许汝登,汝实外朴中藏棱。嘉庆丙辰二月,曲阜桂馥铭。

(下刘墉行书):晓岚爱余黝文砚,因赠之。而余以铭曰:石理缜密石骨刚,赠都御史写奏章,此翁此砚真相当。壬子二月,石庵。印:墉。

绎堂赠砚

砚背铭(行书)：绎堂尝攫取石庵砚。后与余阅卷聚奎堂，有砚至佳，余亦攫取之。绎堂爱不能割，出此砚以赎。因书以记一时之谐戏，且以证螳螂黄雀之喻，诚至言也。乾隆乙卯长至，晓岚识。

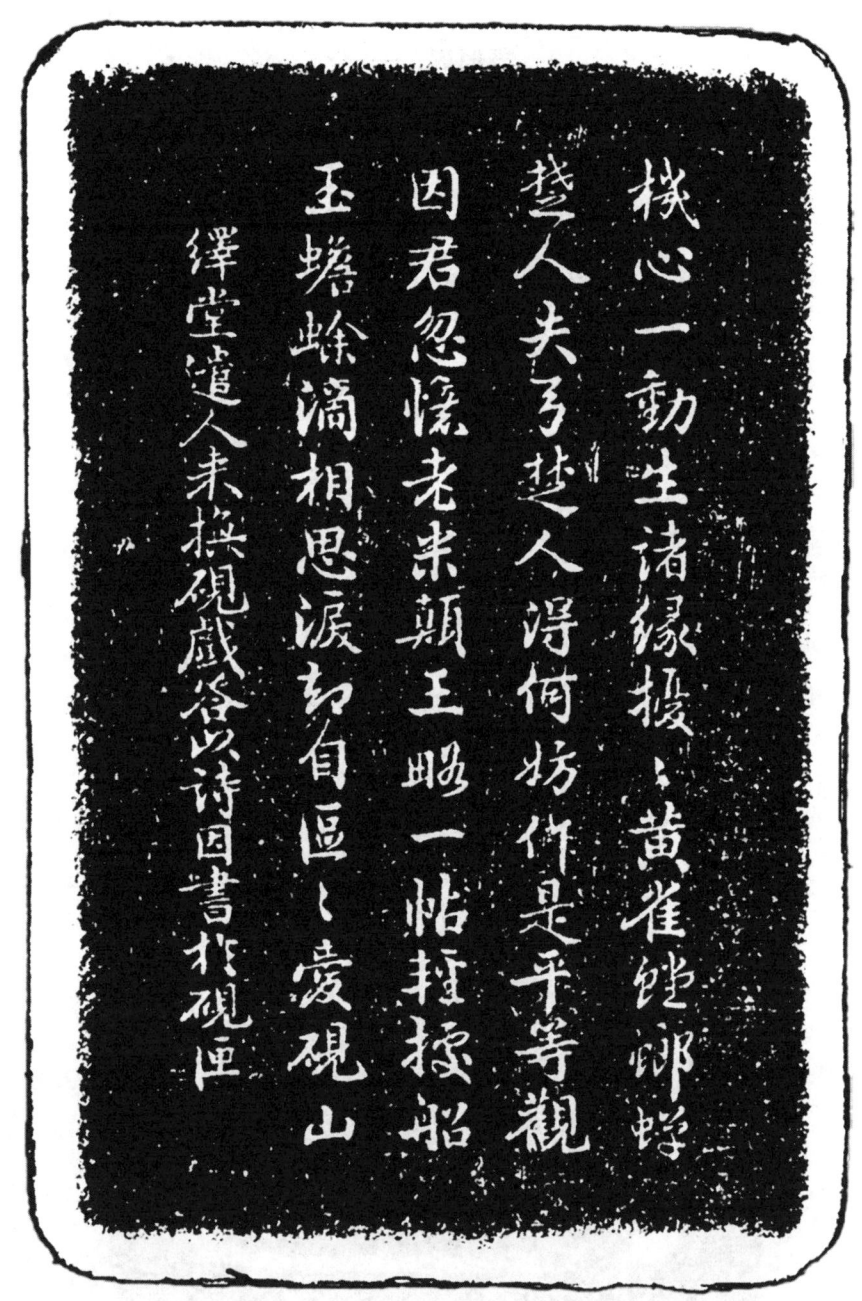

砚匣铭(行书)：机心一动生诸缘,扰扰黄雀螳螂蝉。楚人失弓楚人得,何妨作是平等观。因君忽忆老米颠,王略一帖轻据船。玉蟾蜍滴相思泪,却自区区爱砚山。绎堂遣人来换砚,戏答以诗,因书于砚匣。

琴形砚(一)

砚背铭（右隶书）：无弦琴，不在音。仿琢研，置墨林。浸太清，练余心。

（左行书）：琴研亦古式，然弦徽曲肖则俗不可耐。命工磨治，略存形似，庶乎俗中之雅耳。乙卯六月，晓岚记。

瓜形砚

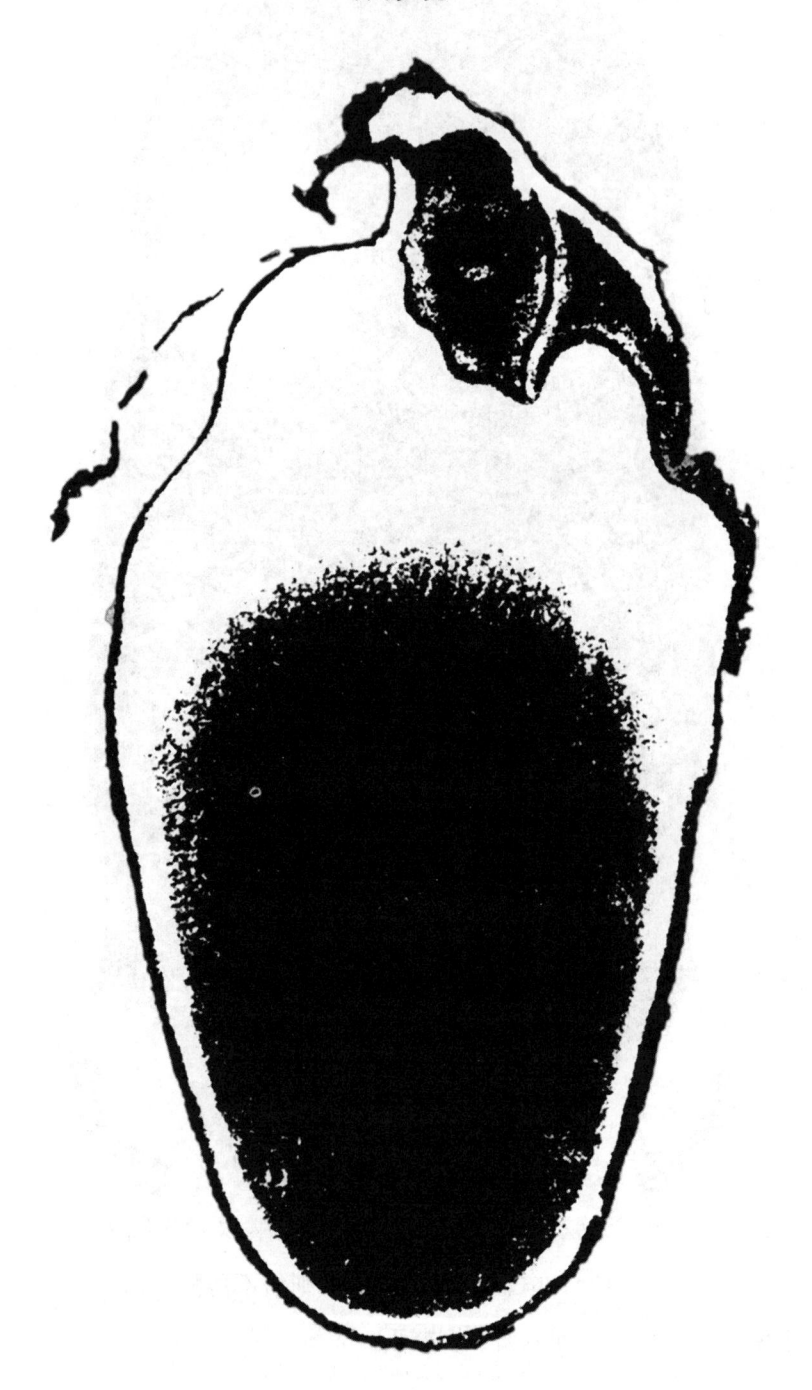

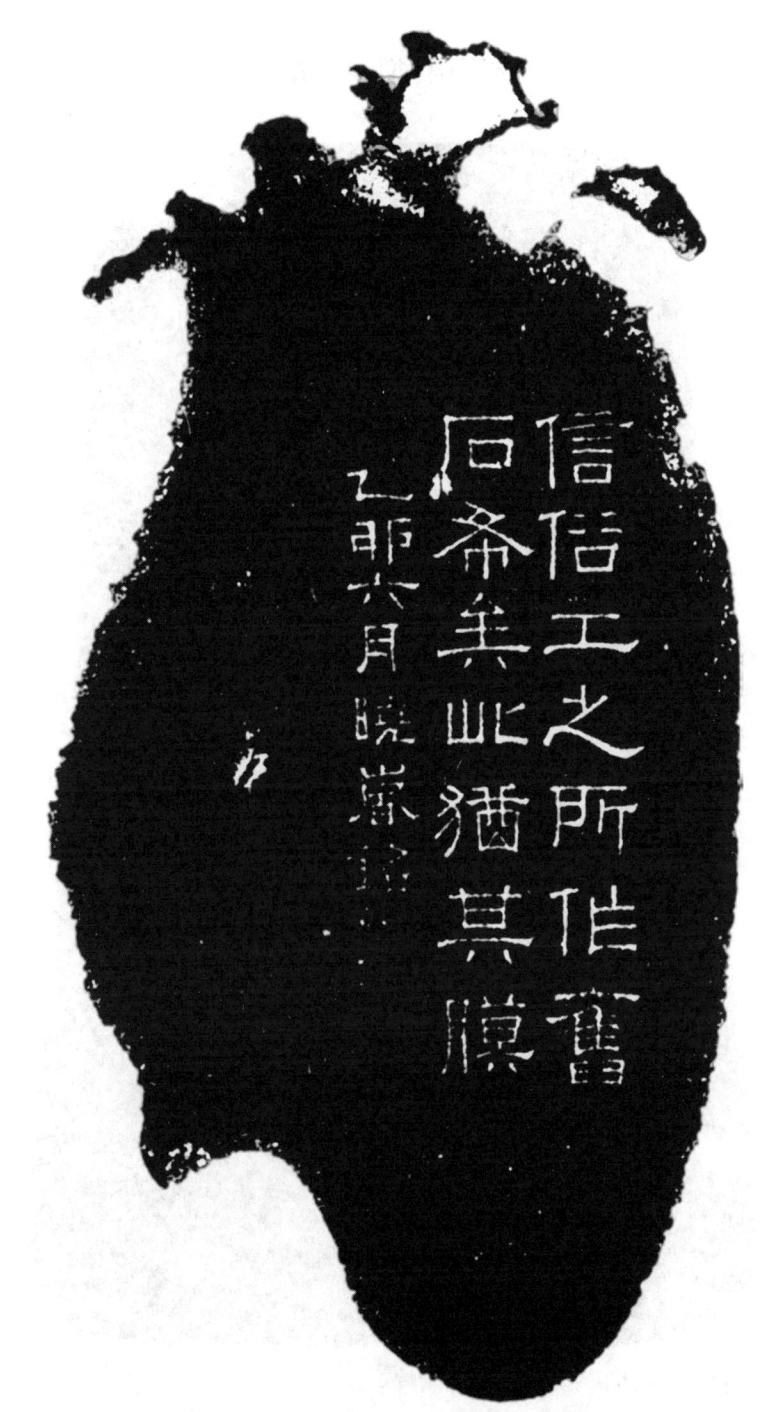

砚背铭(隶书)：信俗工之所作，旧石希矣，此犹其膜。乙卯六月，晓岚铭。

梯形砚（扪参历井）

砚额铭（篆书）：扪参历井。印：瑞峰。

砚背铭(行书)：余为香亭侍郎作集序，香亭以此研润笔。有小印曰"瑞峰"，知为周公绍龙之故物。又小篆"扪参历井"字，盖其官翰林时，尝以丈量使四川，因池作井栏，故借以纪行云。乾隆乙卯七月，晓岚题。

砚匣铭（行书）：惟井及泉，挹焉弗竭。惟勤以浚之，弥甘以洌。

跋：旧有井栏研，为作此铭。后为门生辈携去。此砚池亦作井栏，因再镌于匣上。嘉庆癸亥二月三日，晓岚识，时年八十。

长方形砚(刘墉赠)

砚右侧铭(楷书)：石庵以砚赠余，戏书小札于砚背，因镌以代铭。时乾隆乙卯九月九日。

砚左侧铭(行书)：岭上多白云。仿米元章言。

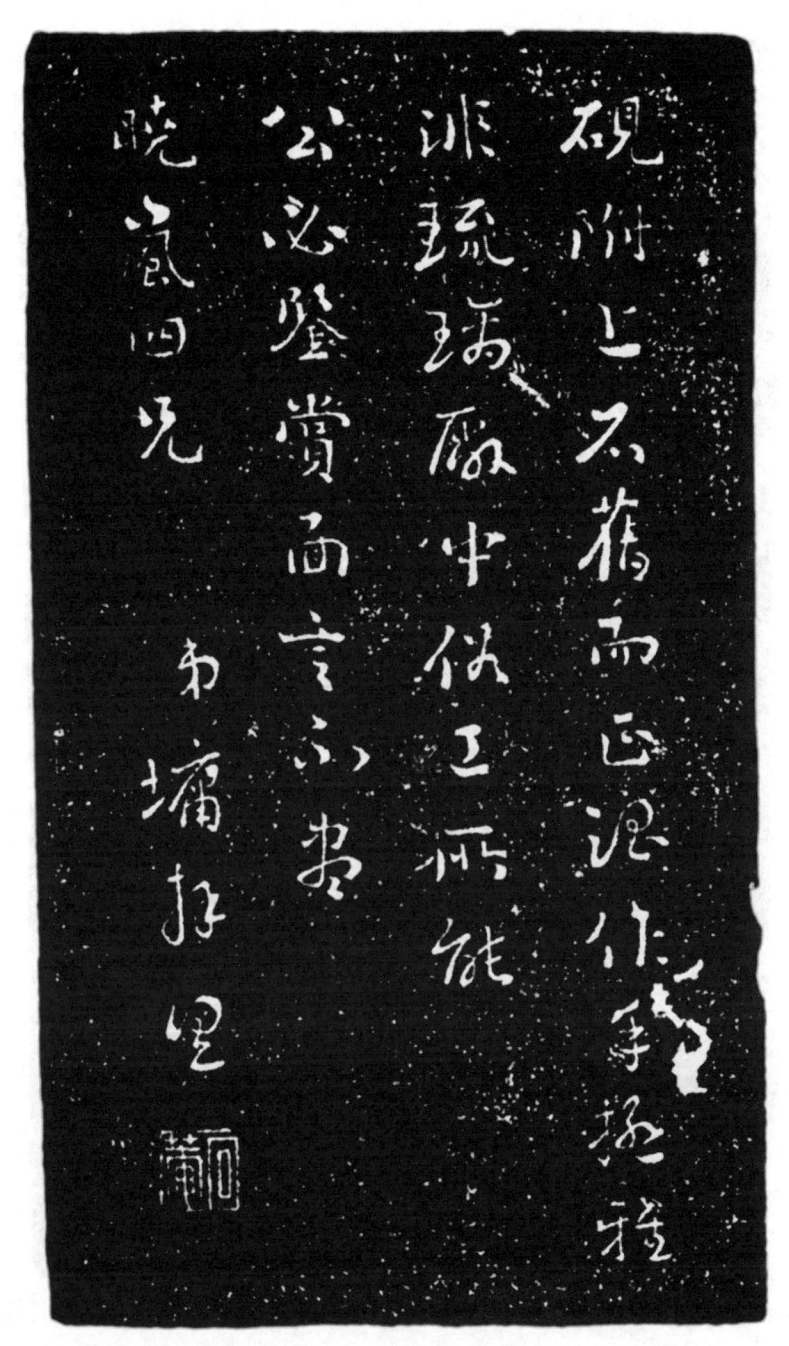

砚背铭(刘墉行书)：砚附上，石旧而正润，作手极雅，非琉璃厂中俗工所能。公必鉴赏，面言不尽。晓岚四兄，弟墉拜具。印：石庵。

砚匣铭(隶书)：砚至王岫君，如诗至钟伯敬。虽非古法，要自别趣横生。石庵尚书酷爱之，亦欧阳公之偶思螺蛤也。乾隆乙卯十月重制砚匣，因记。晓岚。

长方形端砚(绿琼)

砚右侧铭(行书):端溪绿石,《砚谱》不以为上品,此自宋代之论耳。若此砚者,岂新坑紫石所及耶?嘉庆戊午四月,晓岚记。

砚左侧铭(右隶书):端石之支,同宗异族。命曰"绿琼",用媲"紫玉"。

(左楷书):是岁长至前三日又铭。

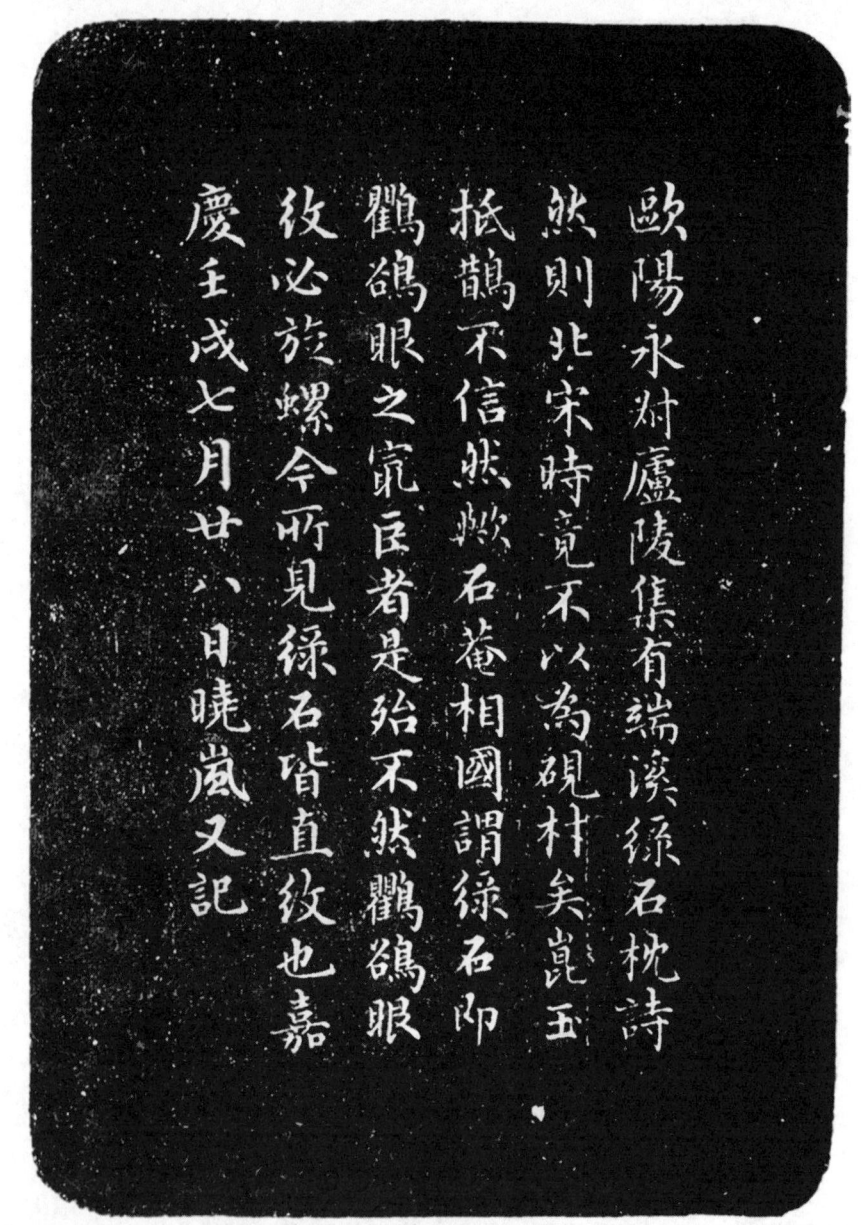

砚匣铭(行书)：欧阳永叔《庐陵集》有《端溪绿石枕》诗，然则北宋时，竟不以为砚材矣。昆玉抵鹊不信然欤？石庵相国谓：绿石即鸜鹆眼之最巨者，是殆不然。鸜鹆眼纹必旋螺，今所见绿石皆直纹也。嘉庆壬戌七月廿八日，晓岚又记。

钟形砚（迦陵故物）

砚背铭（行书）：此迦陵先生之故砚。伯恭司成以赠石庵相国，余偶取把玩，相国因以赠余。迦陵四六，颇为后来所嗤点。余撰《四库全书总目》力支拄之。毋乃词客有灵，以此示翰墨因缘耶？嘉庆戊午十月，晓岚记。

随形砚

砚背铭(右隶书)：不方不圆，因其自然，固差胜于雕镌。

（左楷书)：嘉庆庚申三月，晓岚铭。

挈瓶砚

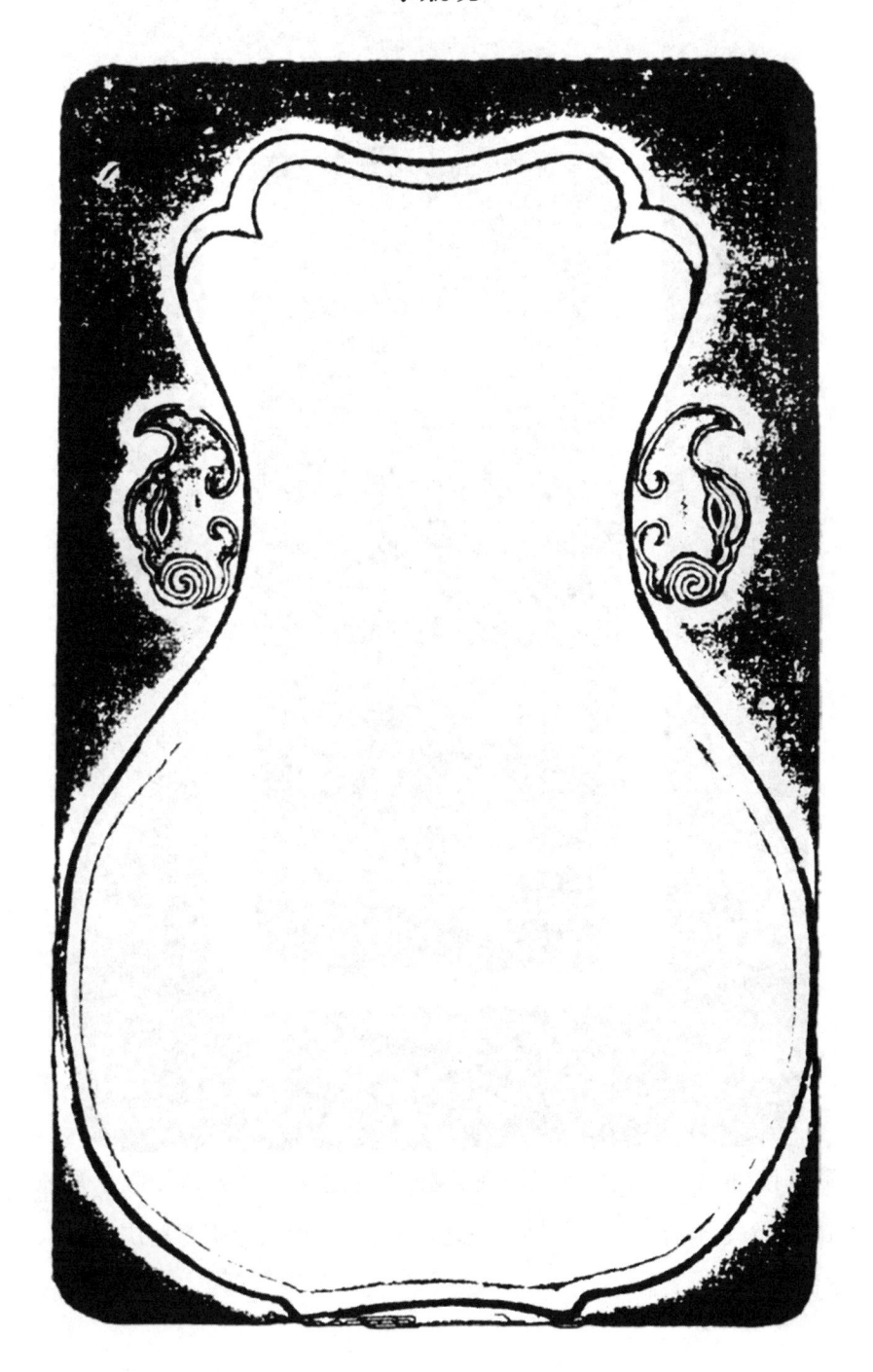

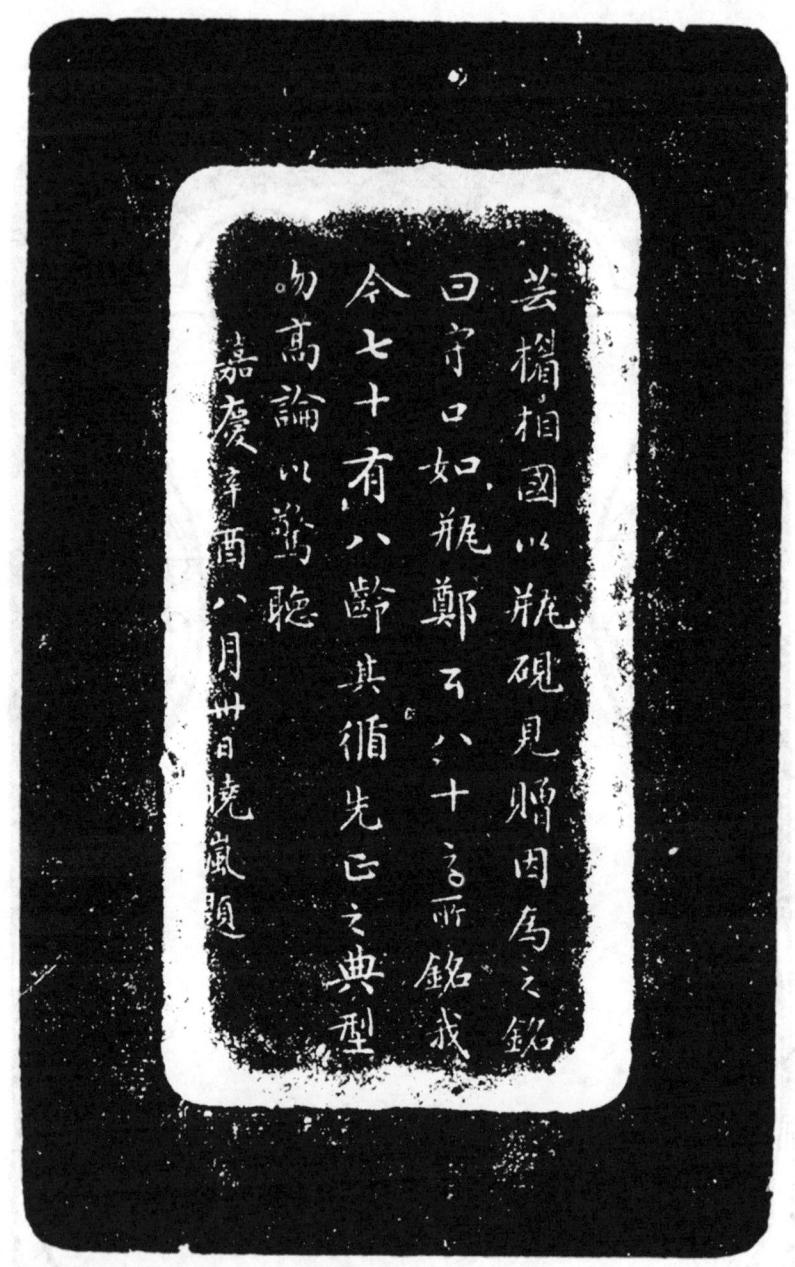

砚背铭(楷书)：芸楣相国以瓶砚见赠，因为之铭曰："守口如瓶。"郑公八十之所铭，我今七十有八龄。其循先正之典型，勿高论以惊听。嘉庆辛酉八月卅日，晓岚题。

琴形砚（二）

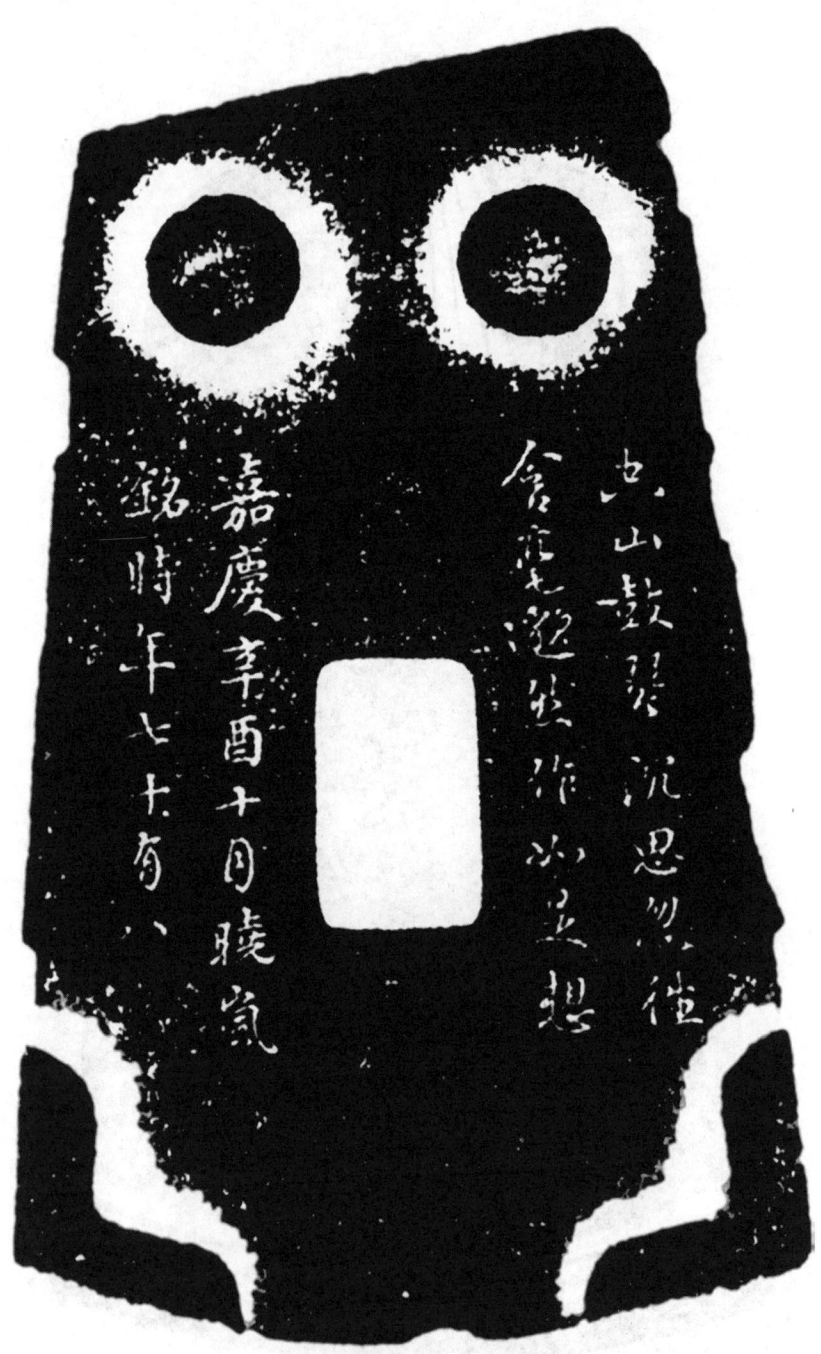

砚背铭(行书)：空山鼓琴，沉思忽往。含毫邈然，作如是想。嘉庆辛酉十月，晓岚铭，时年七十有八。

长方形砚(二)

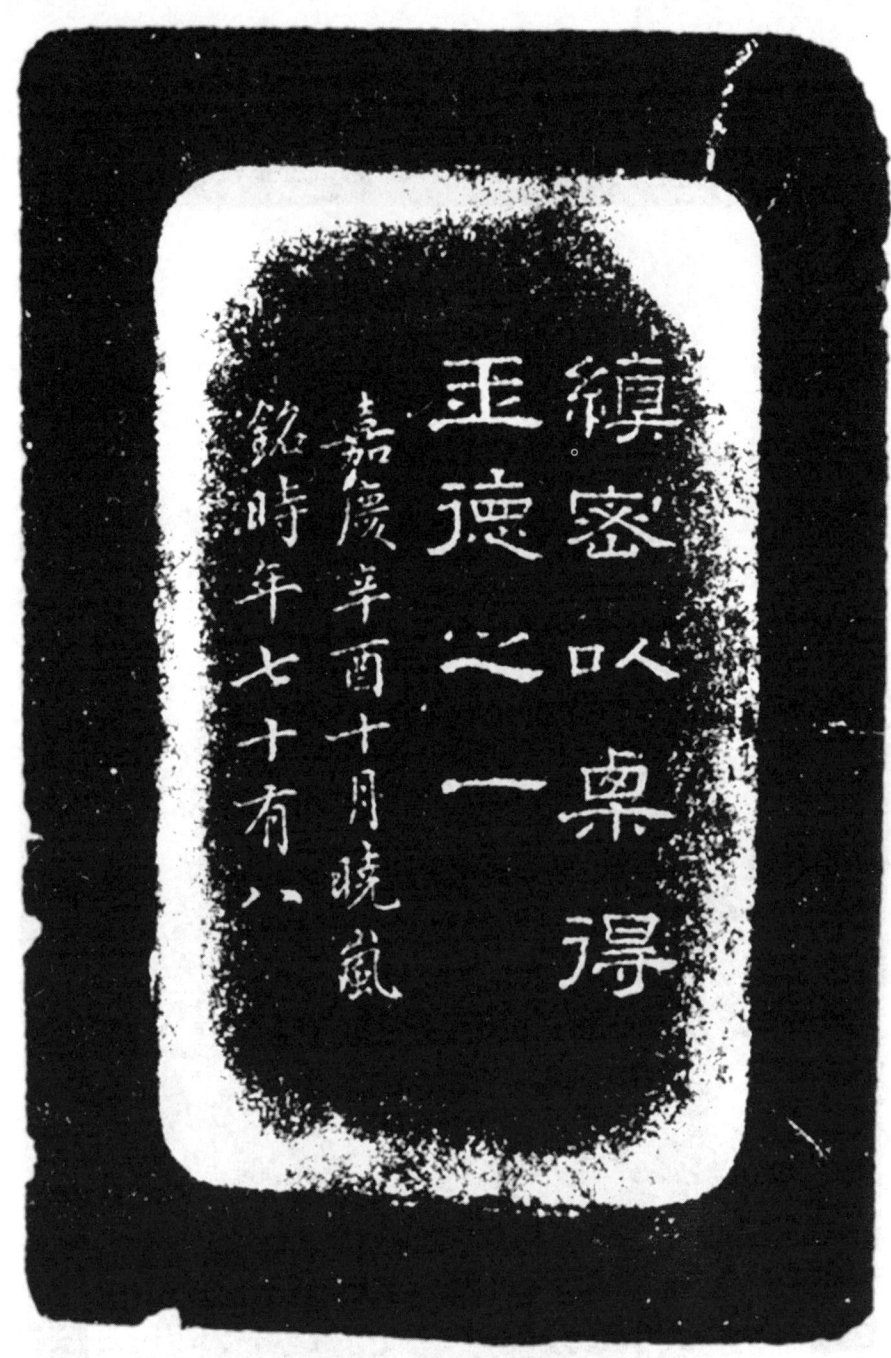

砚背铭(右隶书)：缜密以栗，得玉德之一。

（左楷书）：嘉庆辛酉十月，晓岚铭，时年七十有八。

长方形砚(三)

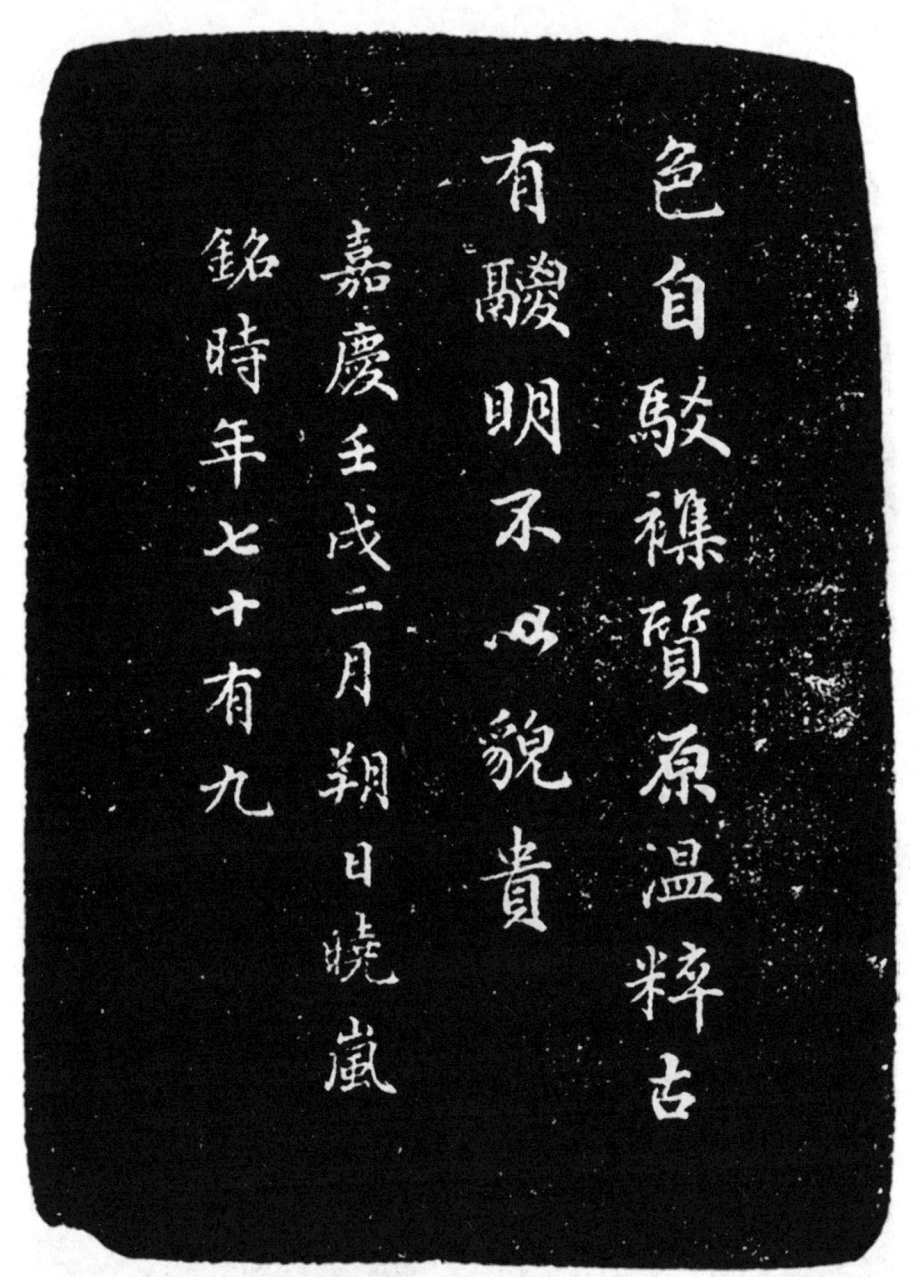

砚背铭(楷书)：色自驳杂,质原温粹。古有韺明,不以貌贵。嘉庆壬戌二月朔日,晓岚铭,时年七十有九。

仿西汉五凤砖砚

砚额铭(行书)：砚本砖形，故覃溪以摹汉砖，池乃皆山所开，非其旧也。

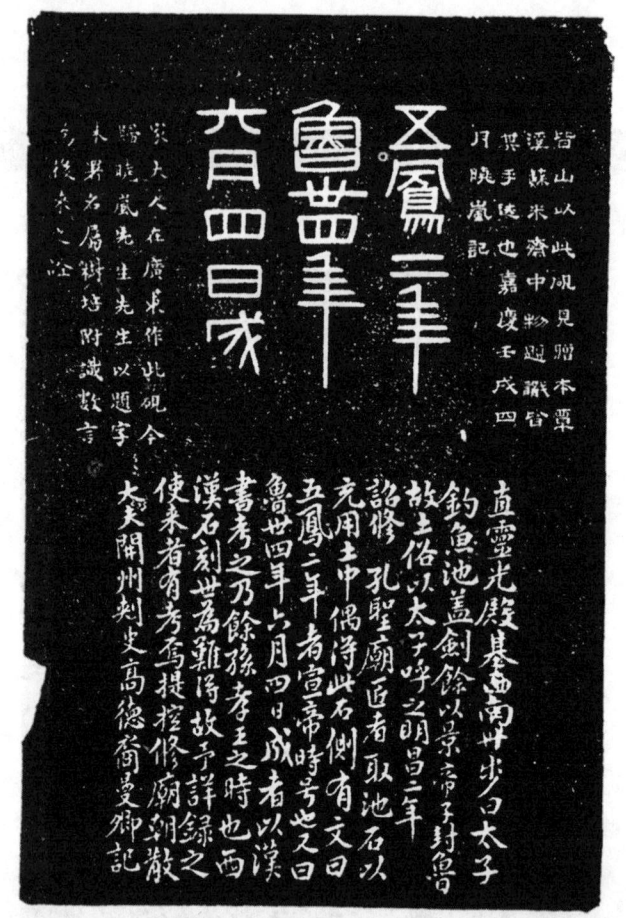

砚背铭(上右隶书)：皆山以此砚见赠,本覃溪苏米斋中物,题识皆其手迹也。嘉庆壬戌四月,晓岚记。

(上中隶书)：五凤二年,鲁卅四年六月四日成。

(上左楷书)：家大人在广东作此砚,今归晓岚先生。先生以题字未署名,属树培附识数言,为后来之证。

(下行书)：直灵光殿基西南卅步曰"太子钓鱼池",盖刘余以景帝子封鲁故土,俗以太子呼之。明昌二年,诏修孔圣庙,匠者取池石以充用,土中偶得此石。侧有文曰"五凤二年"者,宣帝时号也。又曰"鲁卅四年六月四日成"者,以《汉书》考之,乃余孙孝王之时也。西汉石刻,世为难得,故予详录之,使来者有考焉。提控修庙、朝散大夫、开州刺史高德裔曼卿记。

砚左右两侧铭(行书)：(右)此刻孙耳伯以为石,而朱竹垞以为砖,"凤"高刻为"皿",而牛刻为"皿";"鲁"高刻"宗",而牛刻"""";记文"直",(左)牛刻为"置",盖甚矣,寻偏旁、推点画之难也。乾隆辛卯秋九月朔,石洲西斋摹。

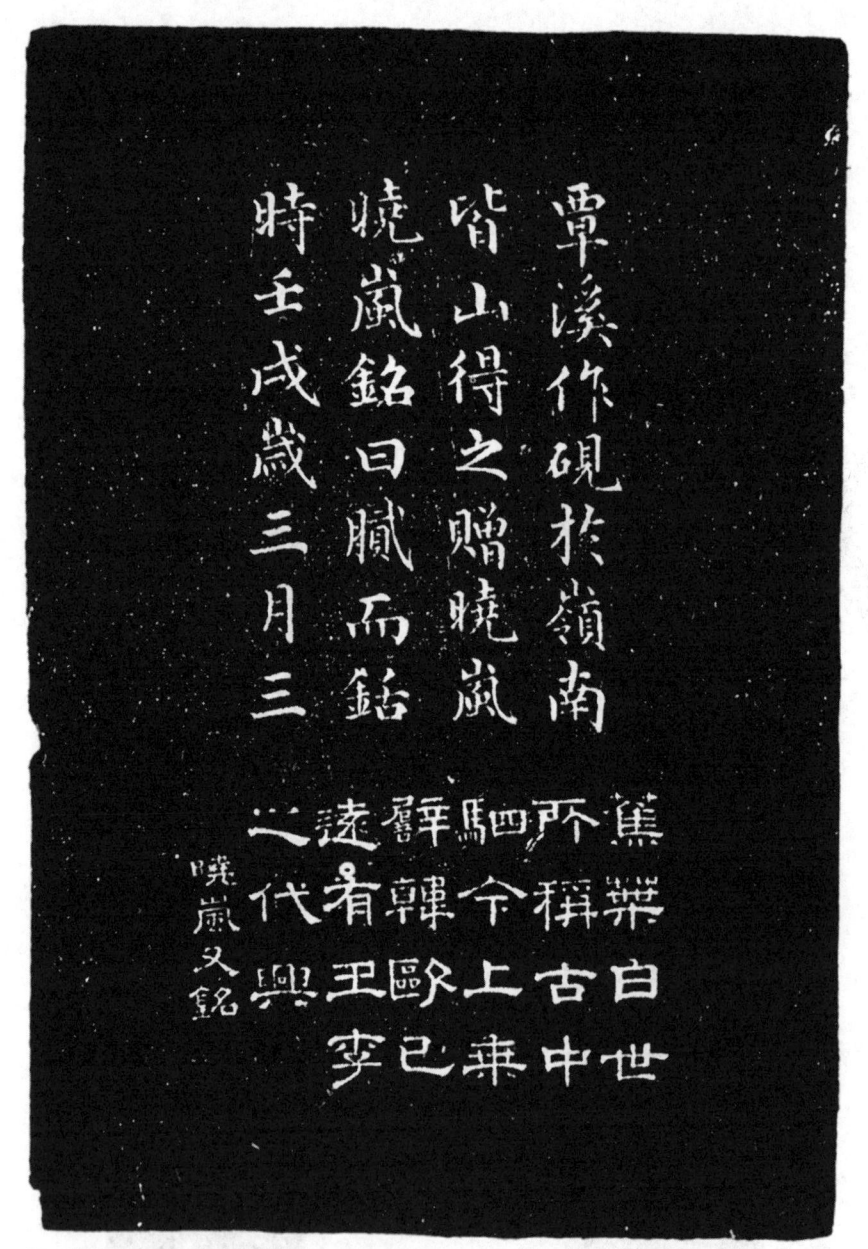

砚匣铭（上楷书）：覃溪作砚于岭南，皆山得之赠晓岚。晓岚铭曰腻而铦，时壬戌岁三月三。

（下隶书）：蕉叶白，世所称。古中驷，今上乘。辟韩、欧已远，有王、李之代兴。晓岚又铭。

龙尾石砚（歙石）

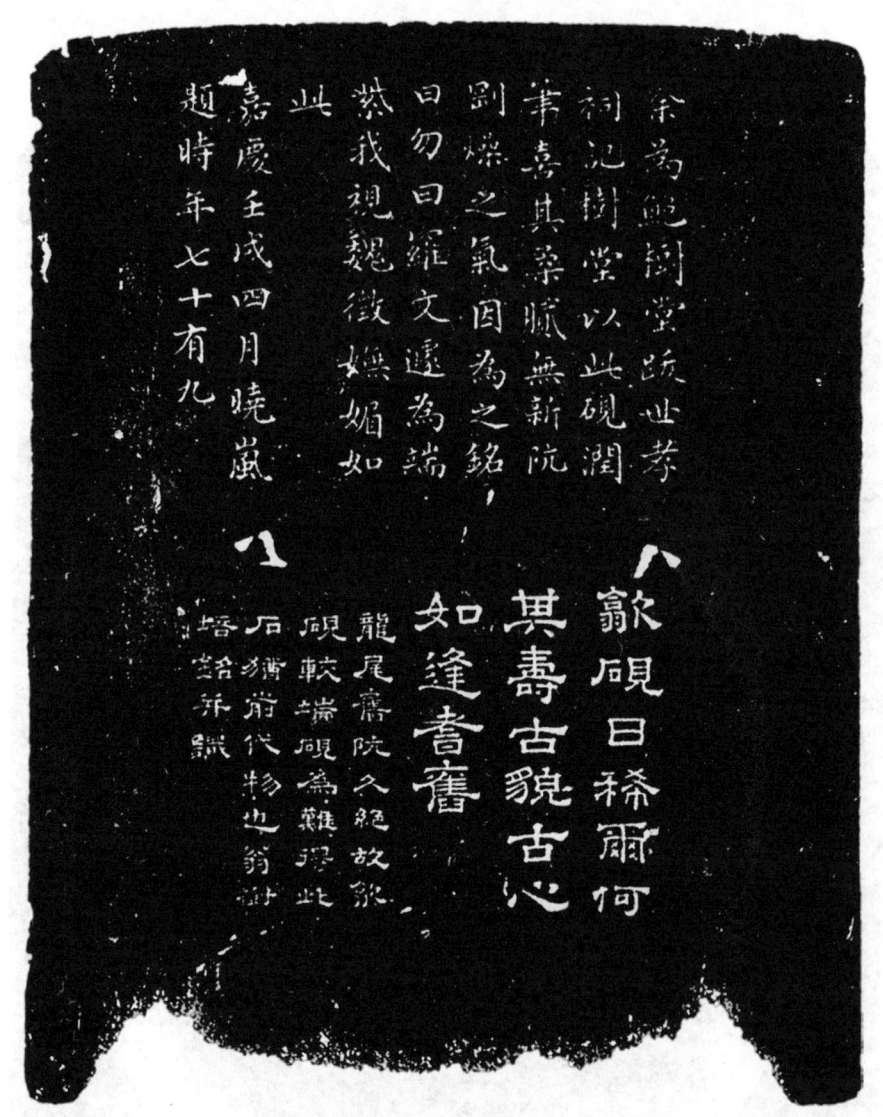

砚背铭(上楷书)：余为鲍树堂跋《世孝祠记》，树堂以此砚润笔。喜其柔腻，无新坑刚燥之气。因为之铭曰：勿曰"罗文"，遽为"端紫"。我视魏徵，妩媚如此。嘉庆壬戌四月，晓岚题，时年七十有九。

(下隶书)：歙砚日稀，尔何其寿？古貌古心，如逢耆旧。

跋：龙尾旧坑久绝，故歙砚较端砚为难得，此石犹前代物也。翁树培铭并识。

长方形砚(宋砚)

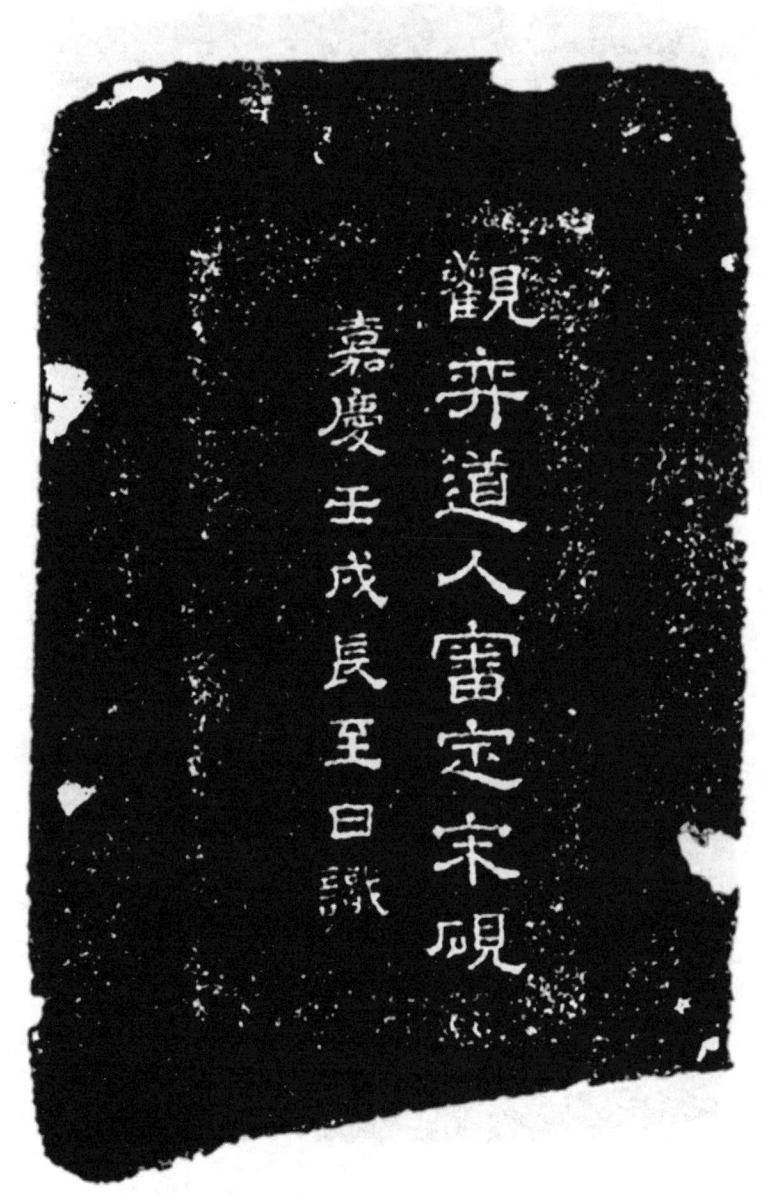

砚背铭(隶书)：观弈道人审定宋砚。嘉庆壬戌长至日识。

风字形砚(一)

砚背铭（楷书）：砚史载，王右军有风字砚。此虽因欹斜石角牵就琢成，然是书家最古之样也。壬戌八月，晓岚记。

长方形砚(方池花月)

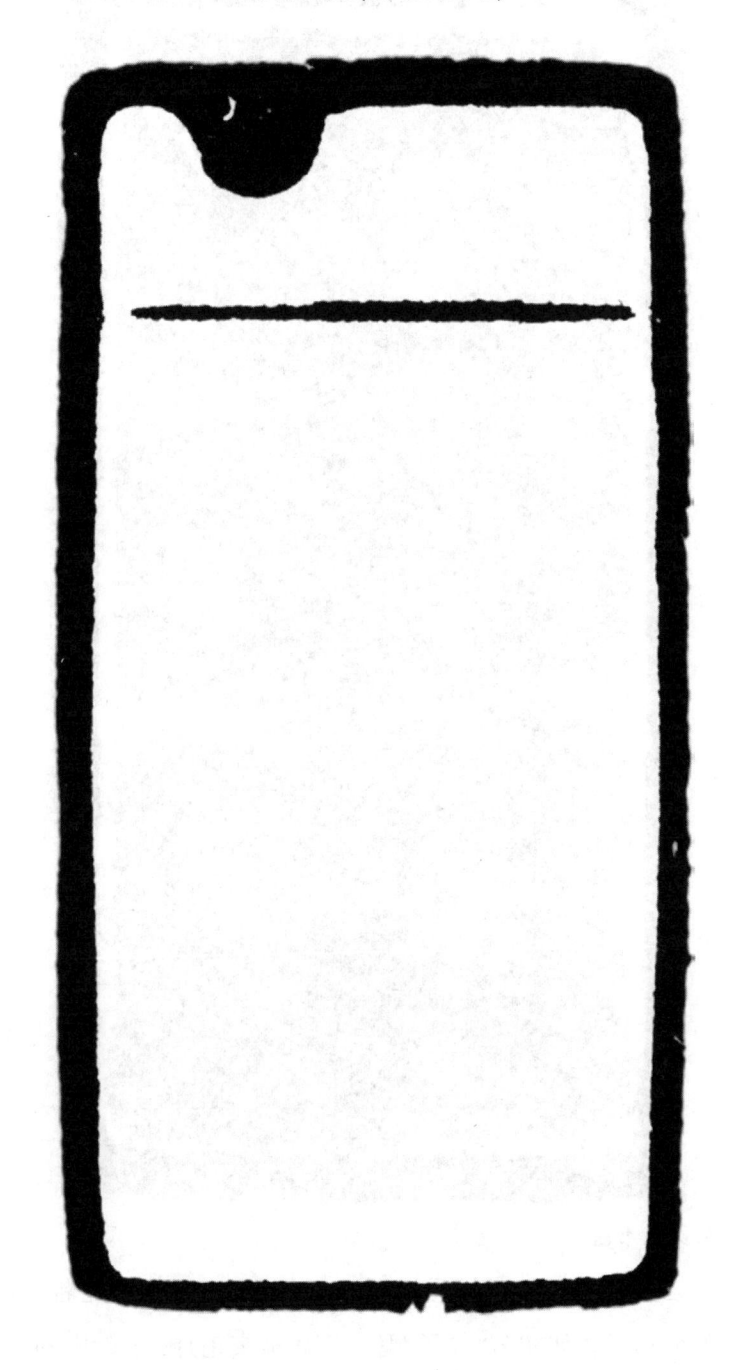

砚背铭(右隶书题)：方池花月。

(左楷书)：旧题曰"星悬河写"，语殊不类，因改题此名。其旧名不可磨治，不妨似司马相如初名"犬子"耳。嘉庆癸亥正月，晓岚识，时年八十。

砚上侧铭(楷书)：圆者图，方者书，进笔墨发而与道为徒。研乎？砚乎？唐建中铭。印：大山子。

砚下侧铭(篆书)：西仙宝片。印：若林父印。

砚右侧铭(隶书)：星悬河写。松石。印：子孙世守。

砚左侧铭(楷书)：波斋一品研。

长方形砚(四)

砚背铭(行书)：此在旧坑亦平平耳,新石累累,乃不复有此。长沙北地之文章,可从此悟矣。嘉庆癸亥正月,晓岚铭,时年八十。

五蝠砚

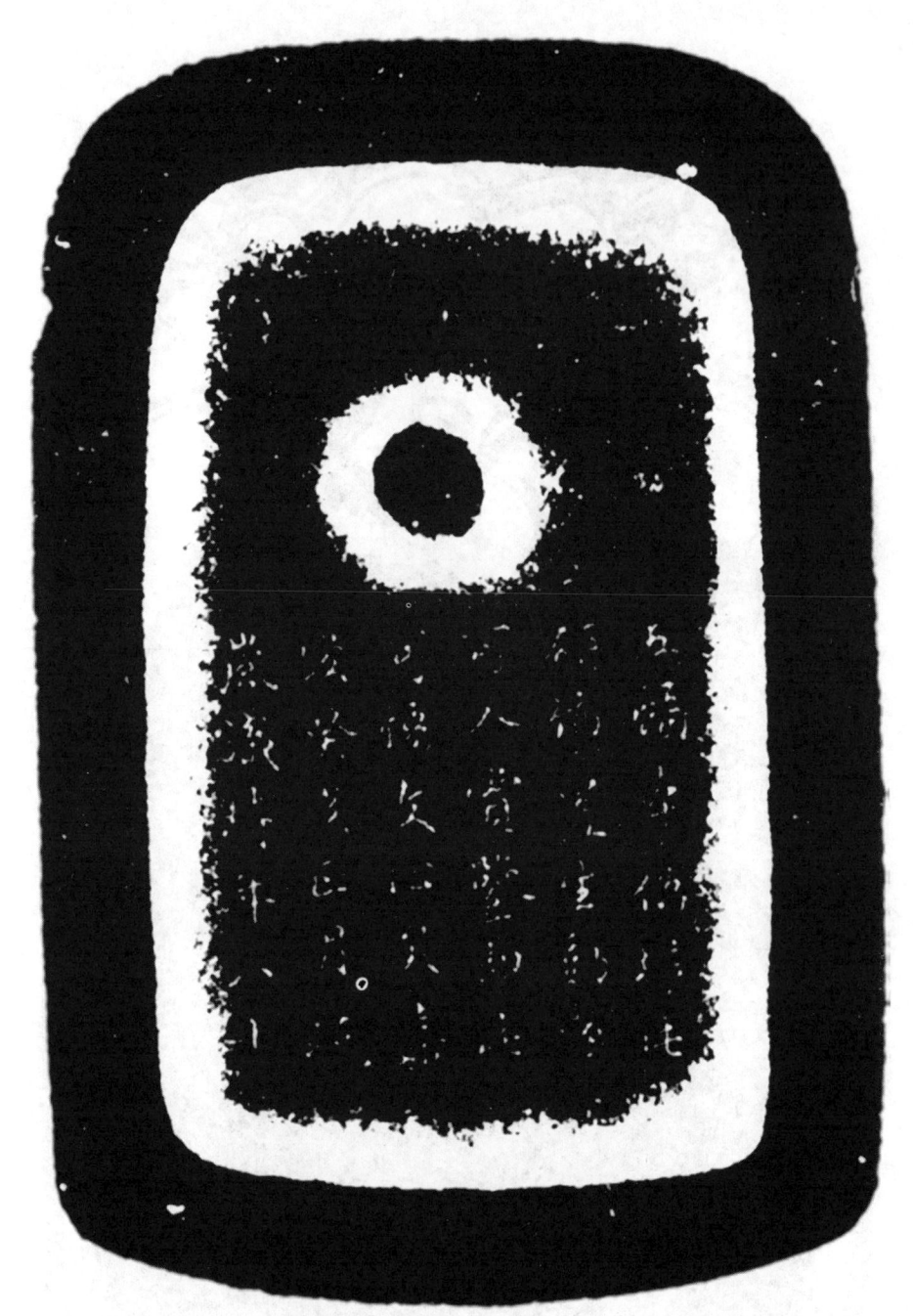

砚背铭（楷书）：五蝠本俗样。此研布置生动，遂可入赏鉴，即此可悟文心矣。嘉庆癸亥正月，晓岚识，时年八十。

葫芦形墨注

砚背铭(上隶书):墨注。

(下行书):工于蓄聚,不吝于挹注。富而如斯,于富乎何恶?癸亥正月,晓岚铭,时年八十。

砚匣铭(上隶书)：阅微草堂。

（下行书）：余以意造墨注，颇便挥染，为伊墨卿持去。后得此砚，与余所造无异，闭门造车，出门合辙，信夫！晓岚又记。

长方形砚（端砚）

砚额铭（隶书）：端溪石品，新旧悬殊。然旧坑未必定佳，新坑未必定不佳，但问其适用否耳。此砚犹新石之可用者，腰裹不易求，即款段亦可乘也。嘉庆癸亥六月望日，观弈道人题，时年八十。

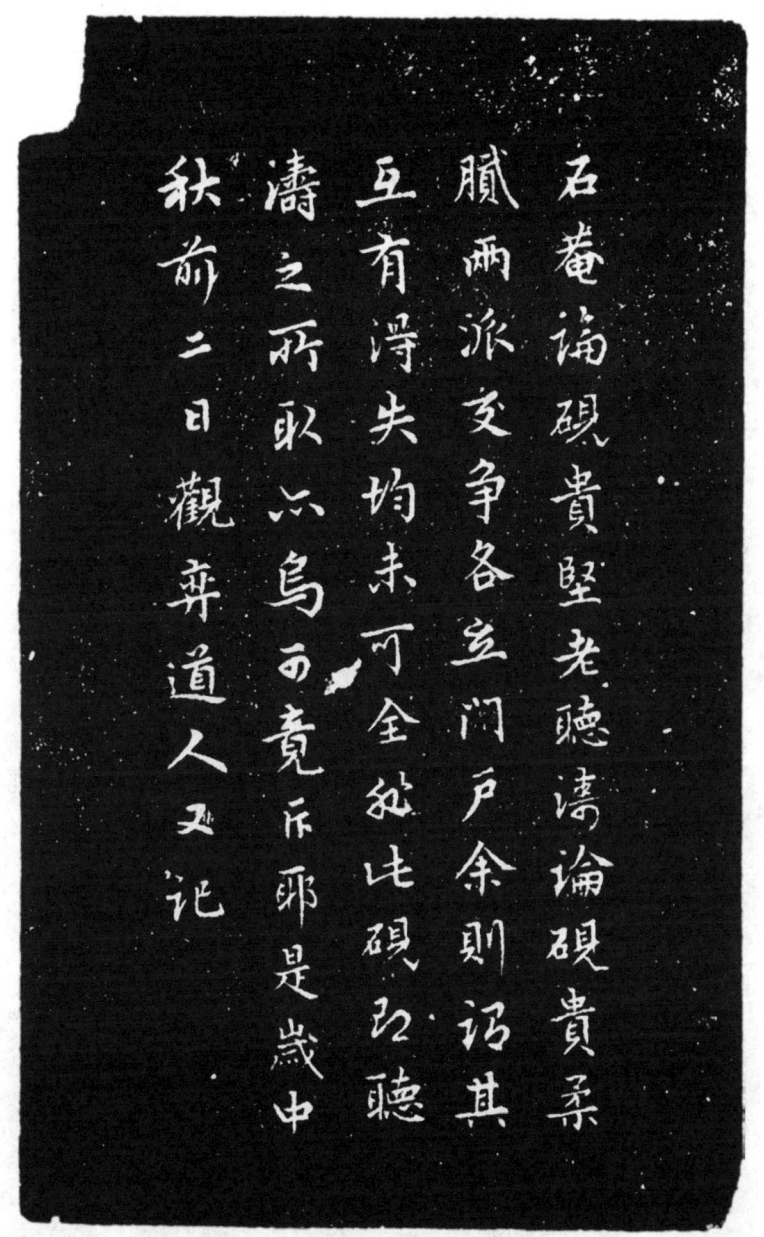

砚背铭(行书)：石庵论砚贵坚老，听涛论砚贵柔腻，两派交争，各立门户。余则谓其互有得失，均未可全非。此砚即听涛之所取，亦乌可竟斥耶？是岁中秋前二日，观弈道人又记。

鹤山砚(刘墉赠)

砚背铭（行书）：石庵以此砚见赠。左侧有"鹤山"字，是宋人故物矣。然余颇疑其依托。石庵曰：专诸巷所依托，不过苏、黄、米、蔡数家耳。彼乌知宋有魏了翁哉？是或一说欤？嘉庆癸亥六月，晓岚识。

砚侧铭(篆书)：鹤山。

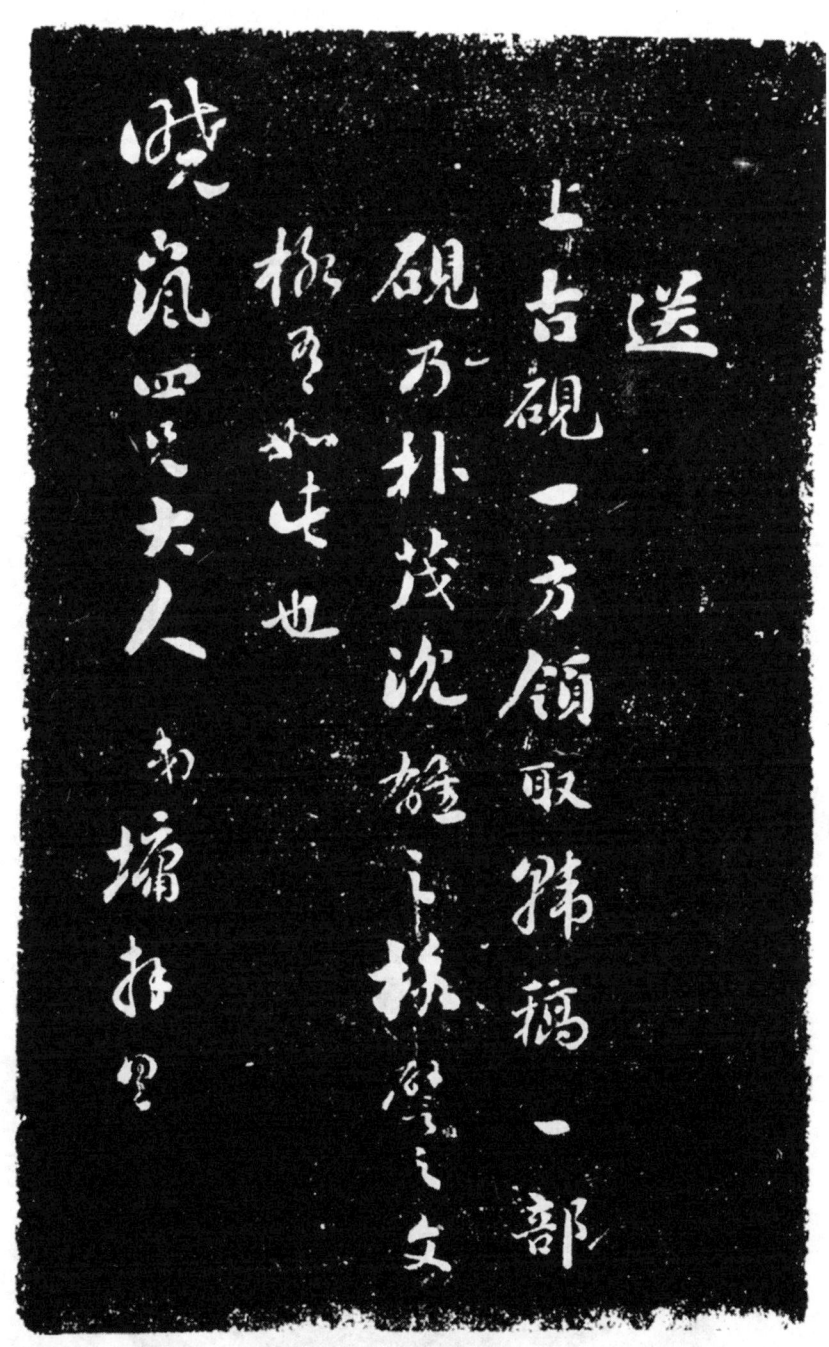

砚匣铭(刘墉行书)：送上古砚一方，领取韩稿一部。砚乃朴茂沉雄之格，譬之文格，有如此也。晓岚四兄大人，弟墉拜具。

竹节形砚（汗简）

砚额铭（隶书）：汗简。秋吟居士题。

阅微草堂砚谱

砚背铭(行书)：曩在史馆,尝为竹节砚铭曰："介如石,直如竹。史氏笔,挠不曲。"后为人持去。顷得此砚,制略相似,因思笔不免于挠,挠不免于曲。岂但史氏哉！仍镌此铭于其背。嘉庆癸亥六月,晓岚记,时年八十。

砚侧铭(隶书)：劲节长青。孙,树乔跽祝。

长方形砚(董相国赠)

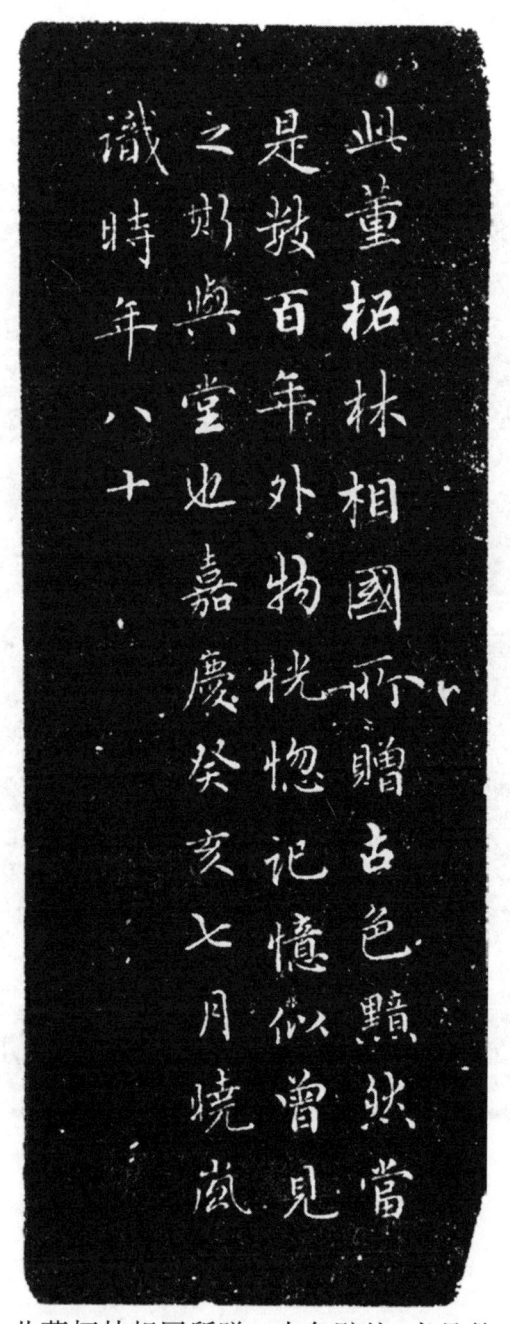

砚侧铭（楷书）：此董柘林相国所赠。古色黯然，当是数百年外物，恍惚记忆，似曾见之斯与堂也。嘉庆癸亥七月，晓岚识，时年八十。

方形砚

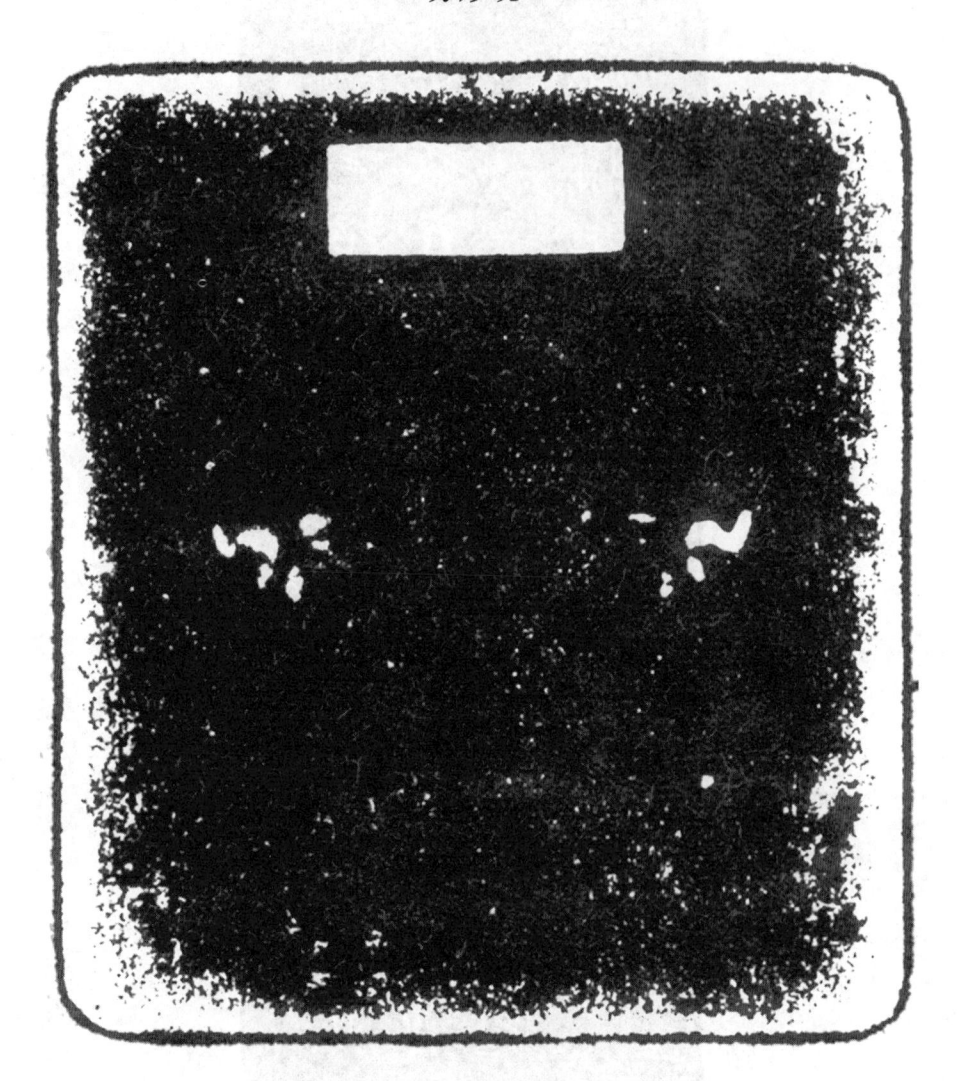

砚背铭(行书):作作有芒,幸不太刚。嘉庆癸亥七月,晓岚铭。

不规则椭圆形砚

砚背铭(行书)：砚璞余材,窘于边幅。取尔粹温,莹然紫玉。嘉庆癸亥十月,晓岚铭。

椭圆形砚（二）

砚背铭(隶书)：嘉庆癸亥十月，河间纪氏阅微草堂重制。

砚侧铭(行书)：刻鸟镂花，弥工弥俗。我思古人，斫雕为朴。晓岚。

长方形砚(端溪旧石)

砚背铭(上隶书):端溪旧石。

(下行书):研背"端溪旧石"字,不知谁题,然非市侩工伪作也。嘉庆甲子正月,晓岚识,时年八十有一。

竹节形砚(直上青云)

砚面左唇铭(篆书):直上青云。

砚背铭(行书)：笋不两歧，竿无曲枝。孤直如斯，亦莫抑之。嘉庆甲子正月，晓岚题，时年八十有一。

长方形砚（卷阿）

砚背铭(行书)：桐生朝阳，凤鸣高冈。卷阿效咏，周以世昌。勖哉君子，仰企召康。四门宏辟，邦家之光。嘉庆甲子正月，晓岚铭。

长方形砚(青花)

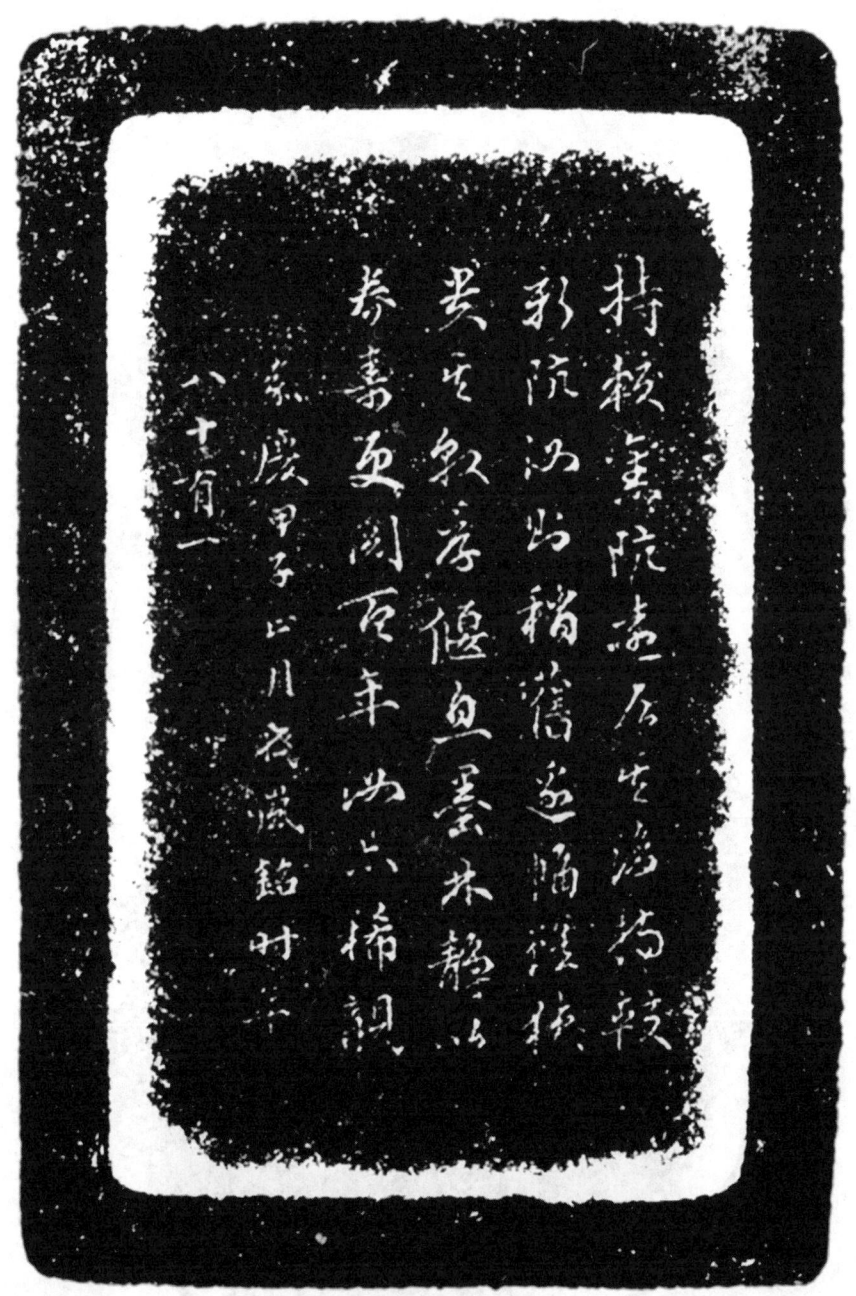

砚背铭(行书)：持较旧坑，远居其后。持较新坑，汝则稍旧。边幅虽狭，贵其敦厚。偃息墨林，静以养寿。更阅百年，汝亦稀觏。嘉庆甲子正月，晓岚铭，时年八十有一。

荔枝砚

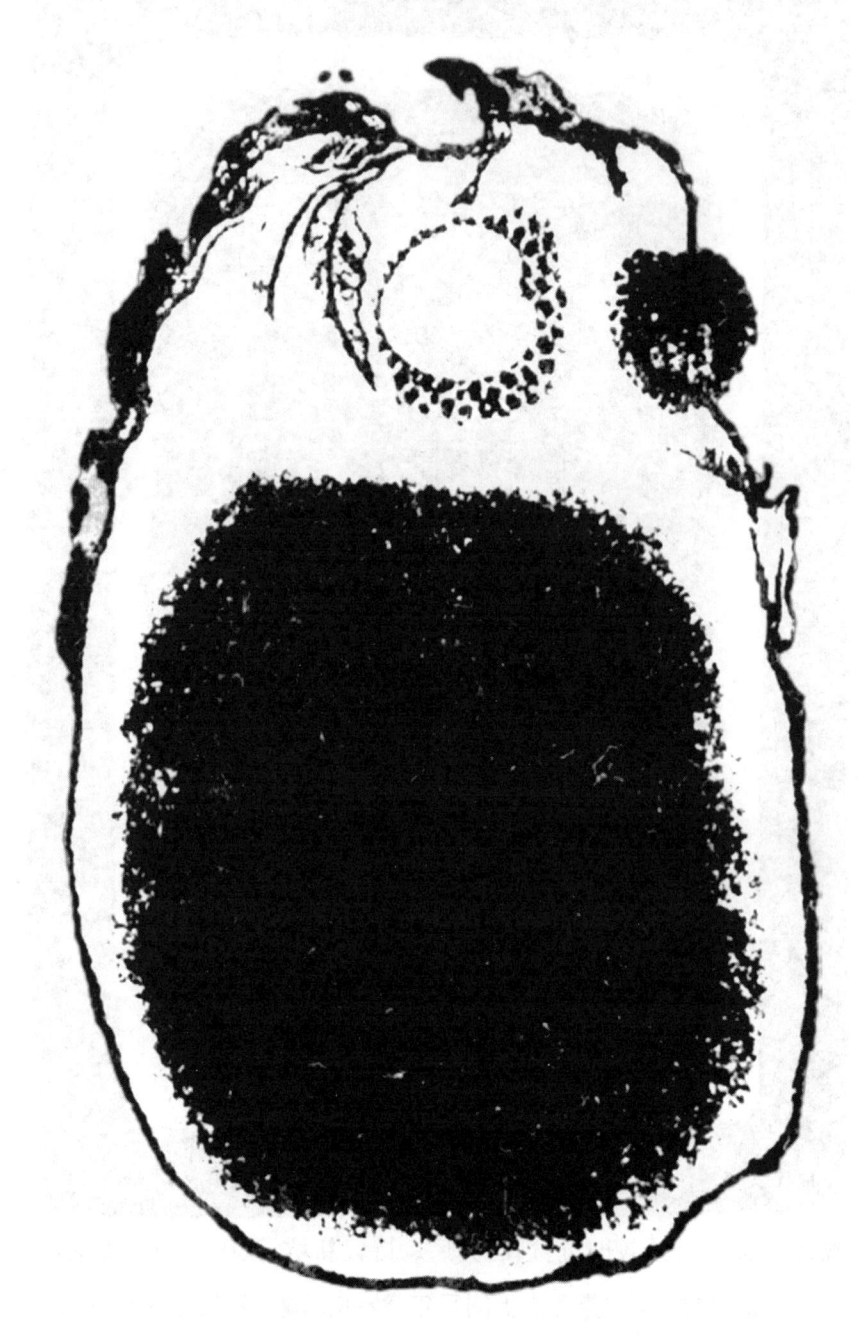

砚背铭(行书):花首称梅,果先数荔。惟其韵高,故其品贵。此故微矣,非色香味。可悟谈诗,不著一字。甲子正月,晓岚铭。

长方形砚(刘信芳赠)

砚背铭(上行书)：刘信芳督学江苏，以此研留余。自文正公以来，世讲八法，故其家古研至多。此当非其至佳比，然较市侩所持，则相去远矣。嘉庆甲子二月二日，晓岚识，时年八十有一。

(下行书)：三复白圭，防言之玷。文亦匿瑕，慎哉自检。此余旧作圭研铭，研久为门生持去。今得信芳此砚，形制相似，因仍镌此铭于其背。

黄荣阁赠双砚

砚背铭(行书):黄荣阁赠余双砚。新石柔腻,与笔墨颇宜。或谓其肌理不坚,恐墨渍渐滑。然勤于洗涤,使胶气不能渗入,亦尚不遽钝也。嘉庆甲子二月,晓岚记。

砚背铭(行书):冶亭尝言:"石庵论砚贵坚老,殆为子孙数百年计。余则谓嫩石细润,用之最适,钝则别换,有何不可乎?"此语亦殊有理。因书于荣阁所赠第二砚背。晓岚又记。

云龙砚

砚背铭(行书)：

龙无定形,云无定态。形态万变,云龙不改。文无定法,是即法在。无骋尔才,横流沧海。晓岚铭。

韩、孟云龙,文章真契。此非植党,彼非附势。渺渺予怀,慨焉一喟。甲子二月,晓岚又铭。

自然形砚(雪集)

砚背铭(右篆书):雪集。

(左行书):《丽人行》有"肌理细腻骨肉匀"句,余谓可移以品砚。石庵论研峃尚骨,听涛冶亭峃尚肉。余皆谓然,亦皆不谓然。偶得此砚,因书于其背。甲子二月,晓岚记。

梯形砚

砚背铭(行书)：此砚不知误落谁手,凡自然皴皱之处,皆磨治使平,遂不可复入赏鉴。削圆方竹,何代无贤才？研材未损,尚可供大书挥洒耳。嘉庆甲子二月,晓岚记。

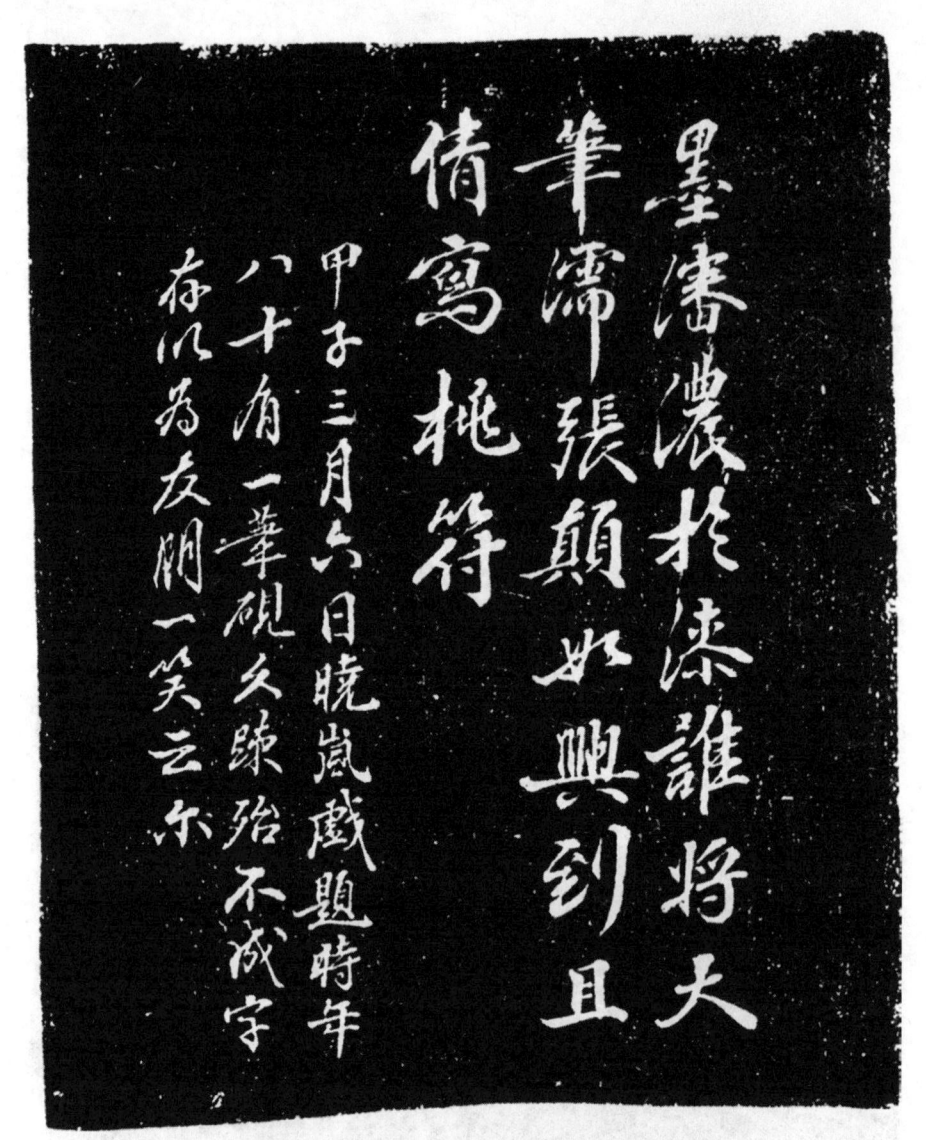

砚匣铭（行书，晓岚自书）：墨沈浓于漆，谁将大笔濡。张颠如兴到,且倩写桃符。甲子三月六日,晓岚戏题,时年八十有一。笔砚久疏,殆不成字,存以为友朋一笑云尔。

风字形砚(二)

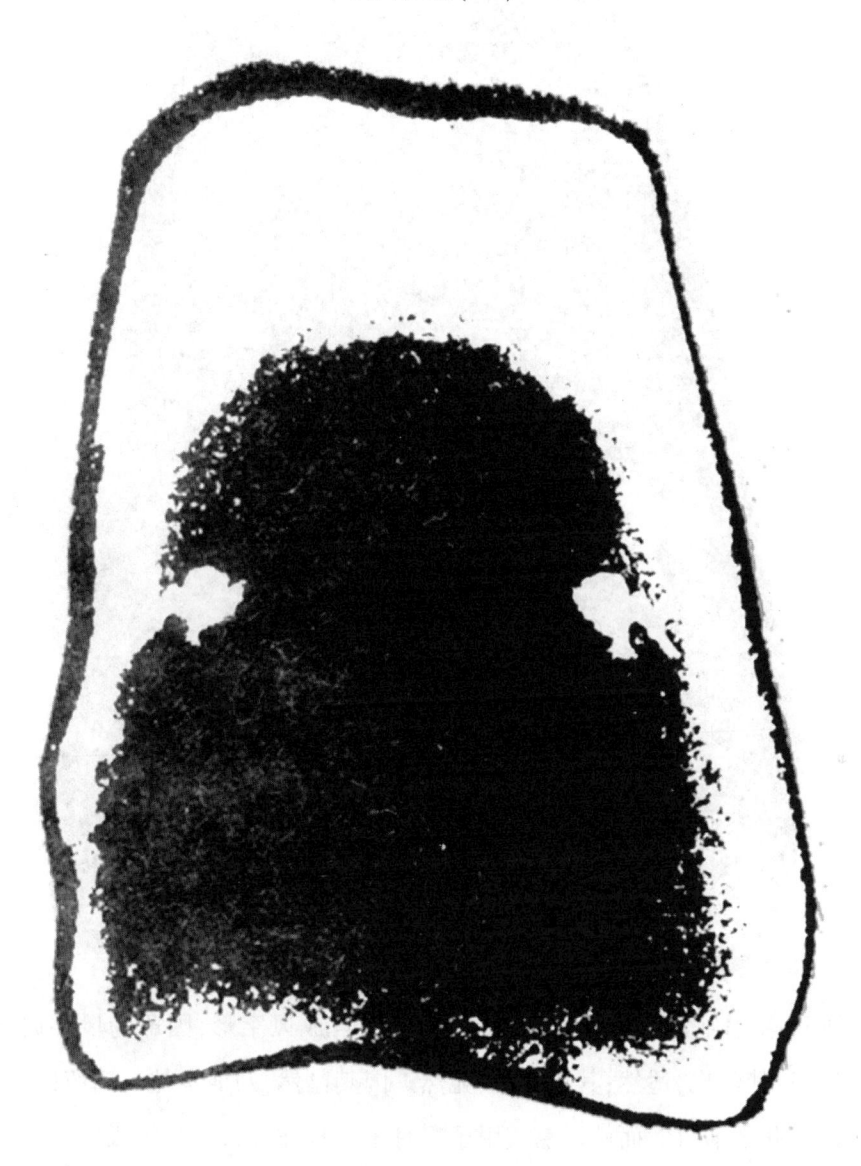

砚背铭(行书)：旧荷叶研堕地□，中一片自成风字形，因琢为风字研。而系以铭曰：其碎也，适然；其成形也，宛然。因其已然，乃似本然。问所以然，莫知其然。此之谓自然而然。嘉庆甲子三月十一日，晓岚识，时年八十有一。

长方形砚(黄昆圃旧物)

砚背铭(行书)：此黄昆圃先生旧砚,温润缜密,宛然宋石。惟形制不类宋人作,当是元、明间物也。嘉庆甲子四月,晓岚记,时年八十有一。

椭圆形砚(三)

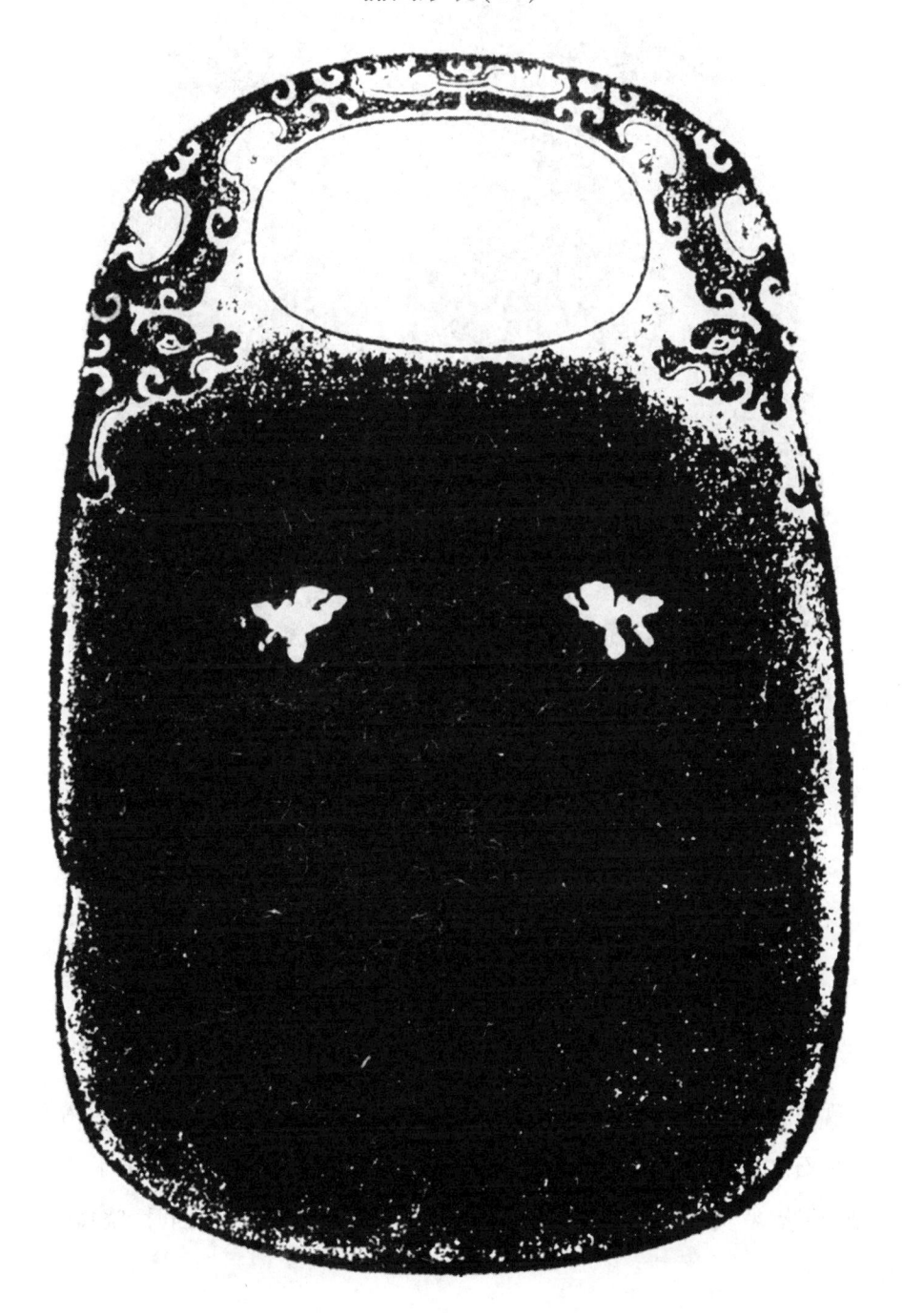

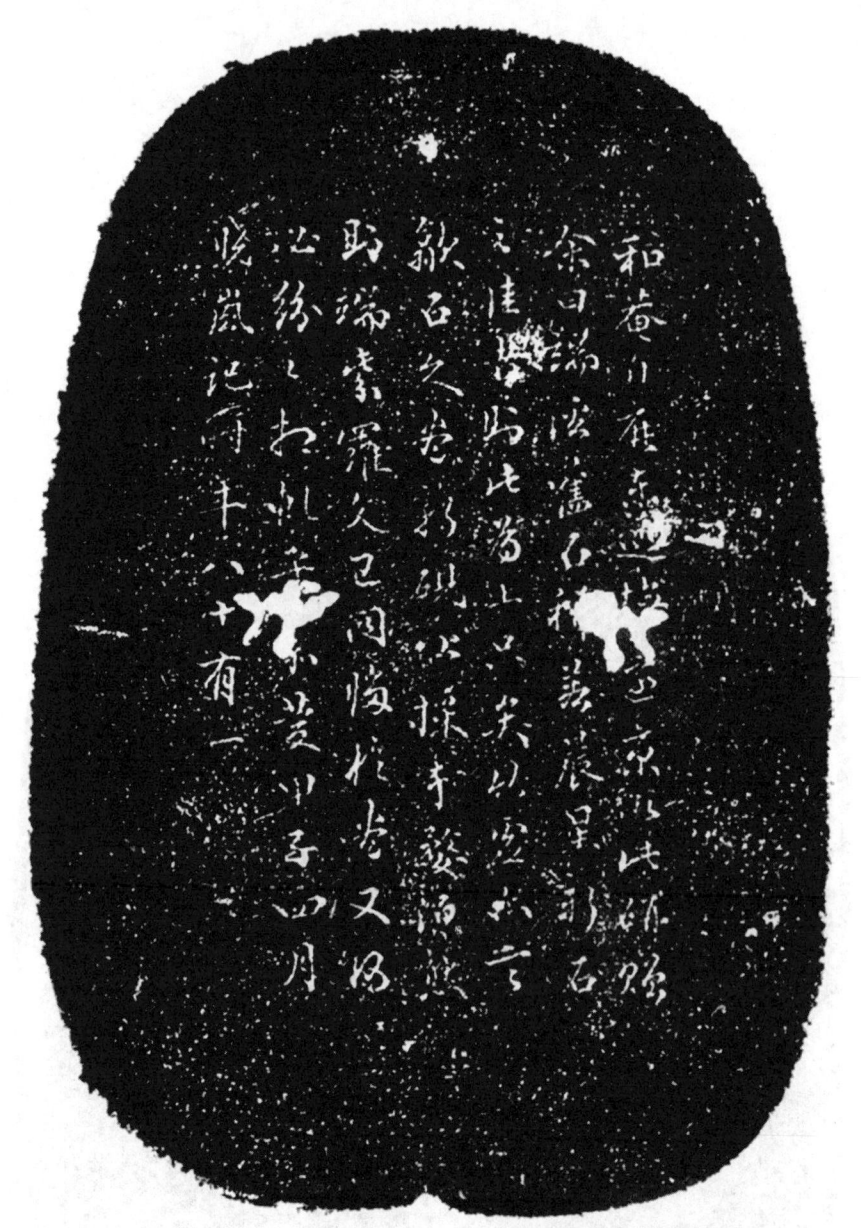

砚背铭(行书)：和庵自广东巡抚还京，以此研赠余曰："端溪旧石，稀若晨星。新石之佳者，则此为上品矣。"竹虚亦言："歙石久尽，新砚公采于婺源。"然则，端紫、罗文已同归于尽，又何必纷纷相轧乎？嘉庆甲子四月，晓岚记，时年八十有一。

圆形砚(甘林)

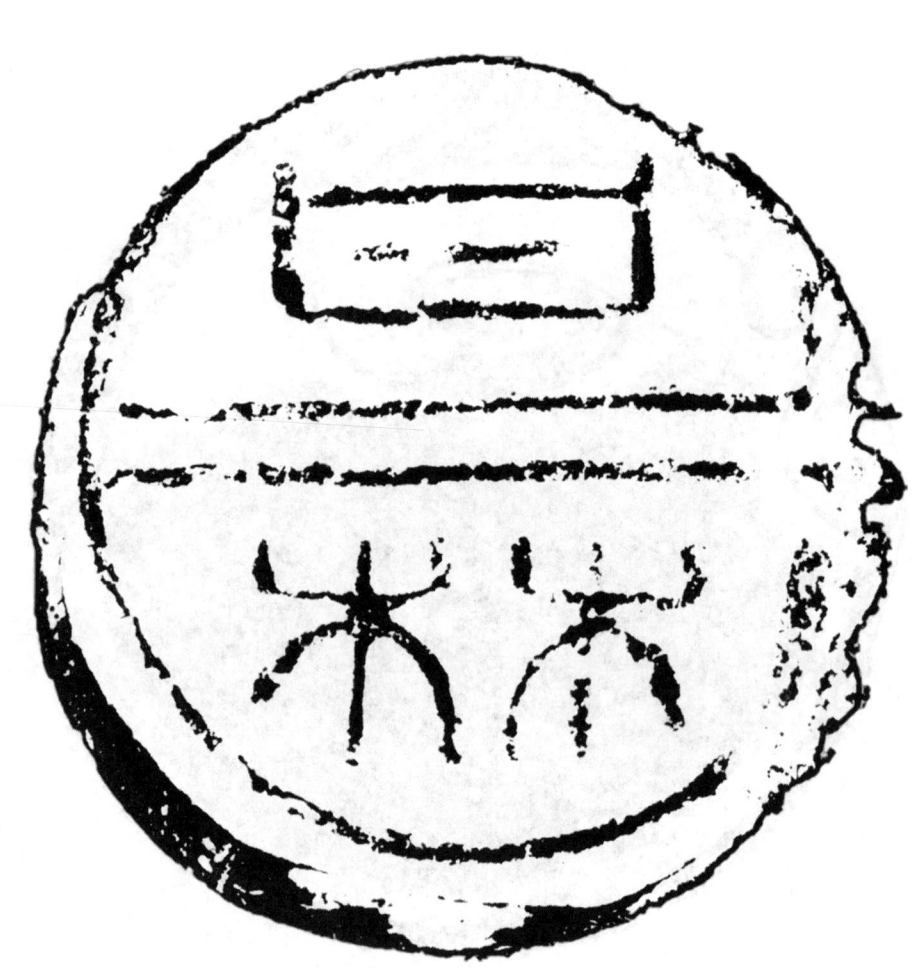

砚背铭(篆书)：甘林。

砚侧铭(行书)：此砚石庵所常用。甲子四月，观弈道人攫取之。

砚匣铭(行书)：余与石庵皆好蓄砚，每互相赠送，亦互相攘夺，虽至爱不能不割。然彼此均恬不为意也。太平卿相，不以声色货利相矜，而惟以此事为笑乐，殆亦后来之佳话与？嘉庆甲子五月十日，晓岚记，时年八十有一。

长方形砚（水田一）

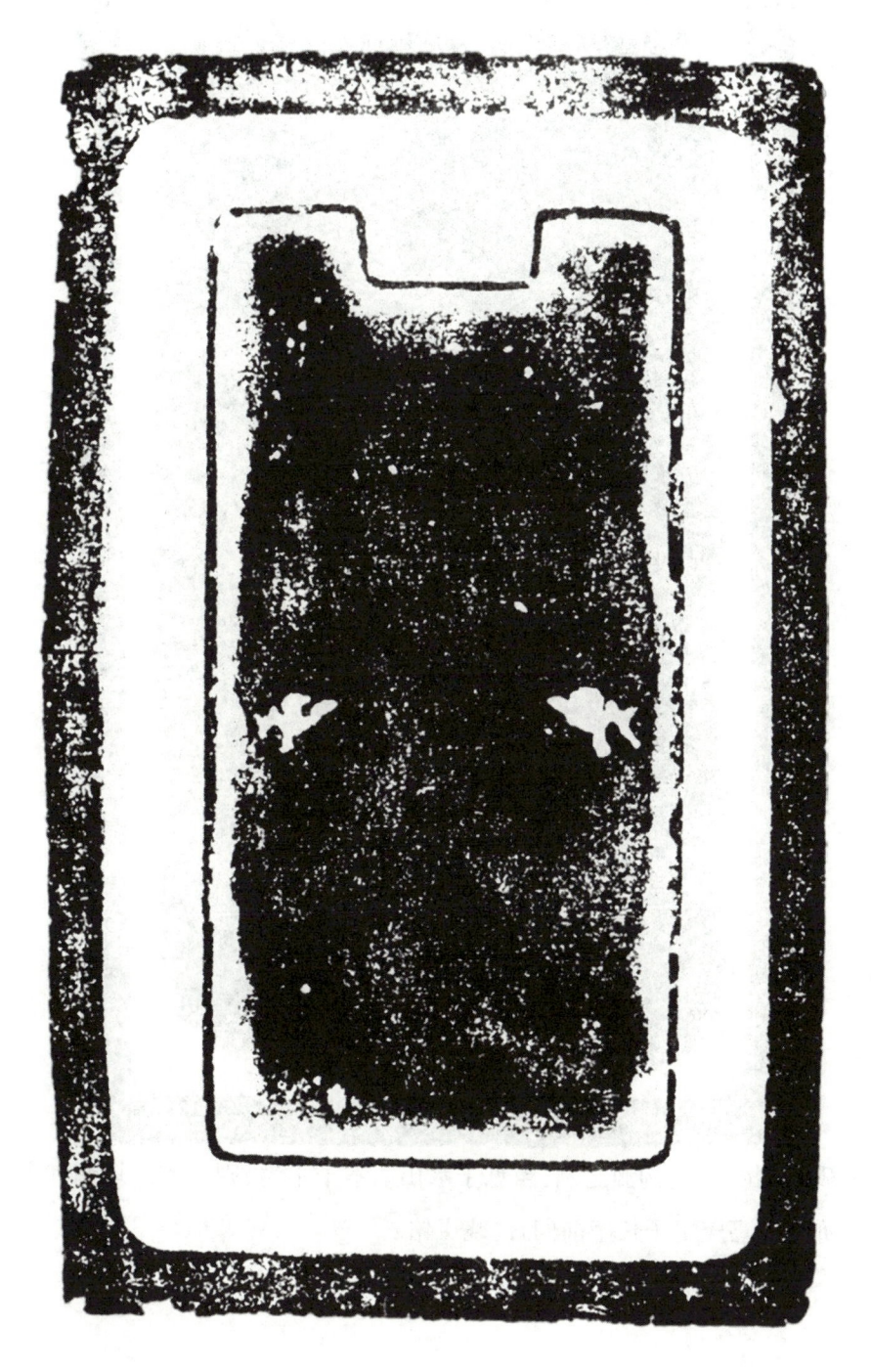

砚背铭(行书)：沟洫之制，当见于水田。不干不溢，则有年。均调其燥湿，惟墨亦然。嘉庆甲子长至前四日，晓岚铭。

不等边八角形砚（合浦还珠）

砚背铭(右隶书)：合浦还珠。

(左行书)：此余少年所用砚,乾隆戊辰为景州李露园持去。今忽从市侩买得。摩挲审视,如见故人。嘉庆甲子六月,晓岚记,时年八十有一。

长方形端砚(伊墨卿赠)

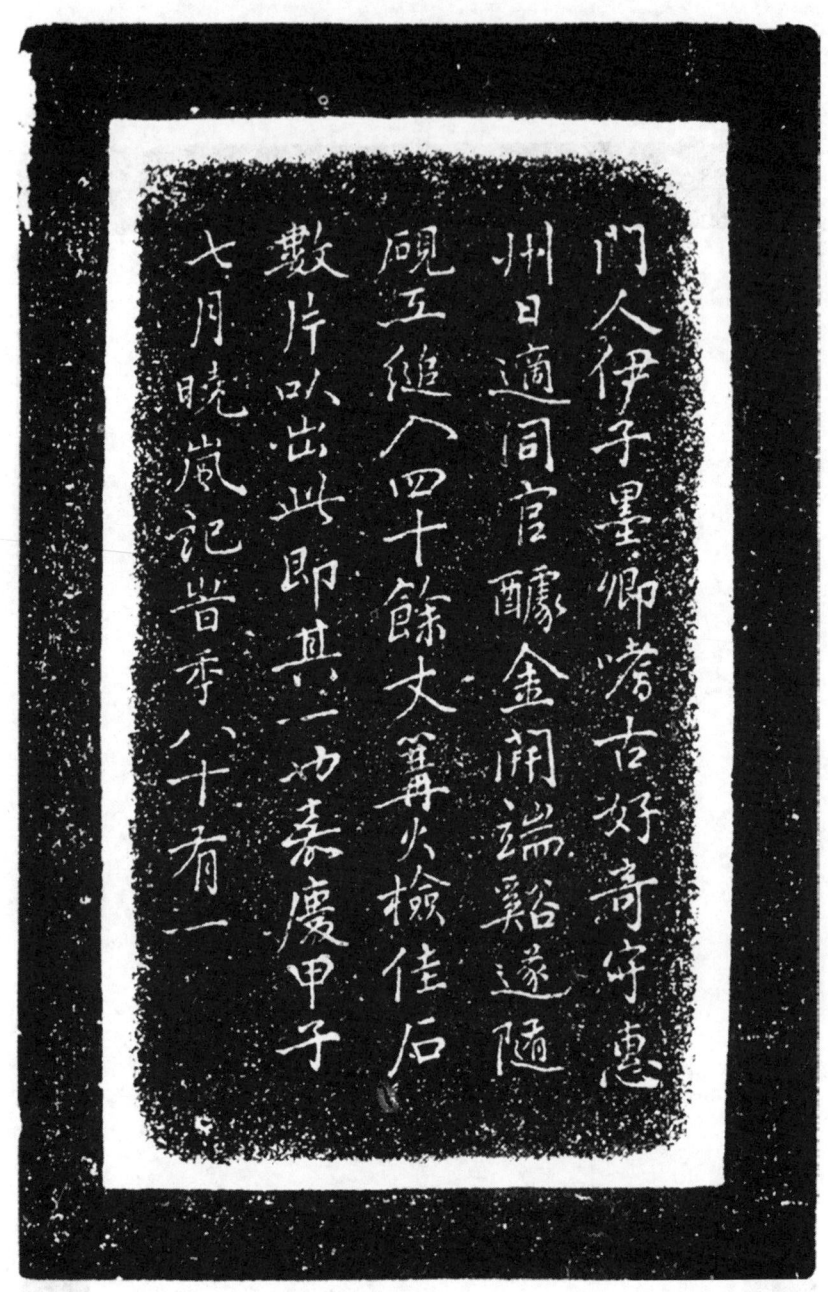

砚背铭(行书)：门人伊子墨卿，嗜古好奇。守惠州日，适同官酾金开端溪，遂随砚工缒入四十余丈，篝火捡佳石数片以出，此即其一也。嘉庆甲子七月，晓岚记，时年八十有一。

巨 砚

砚侧铭（行书）：巨砚笨重不适用，余所蓄不过十余。然多年旧石，如庞眉耆宿，古貌古心，座上亦不可无此客。嘉庆甲子八月，晓岚记，时年八十有一。

仿古抄手形砚（坦腹）

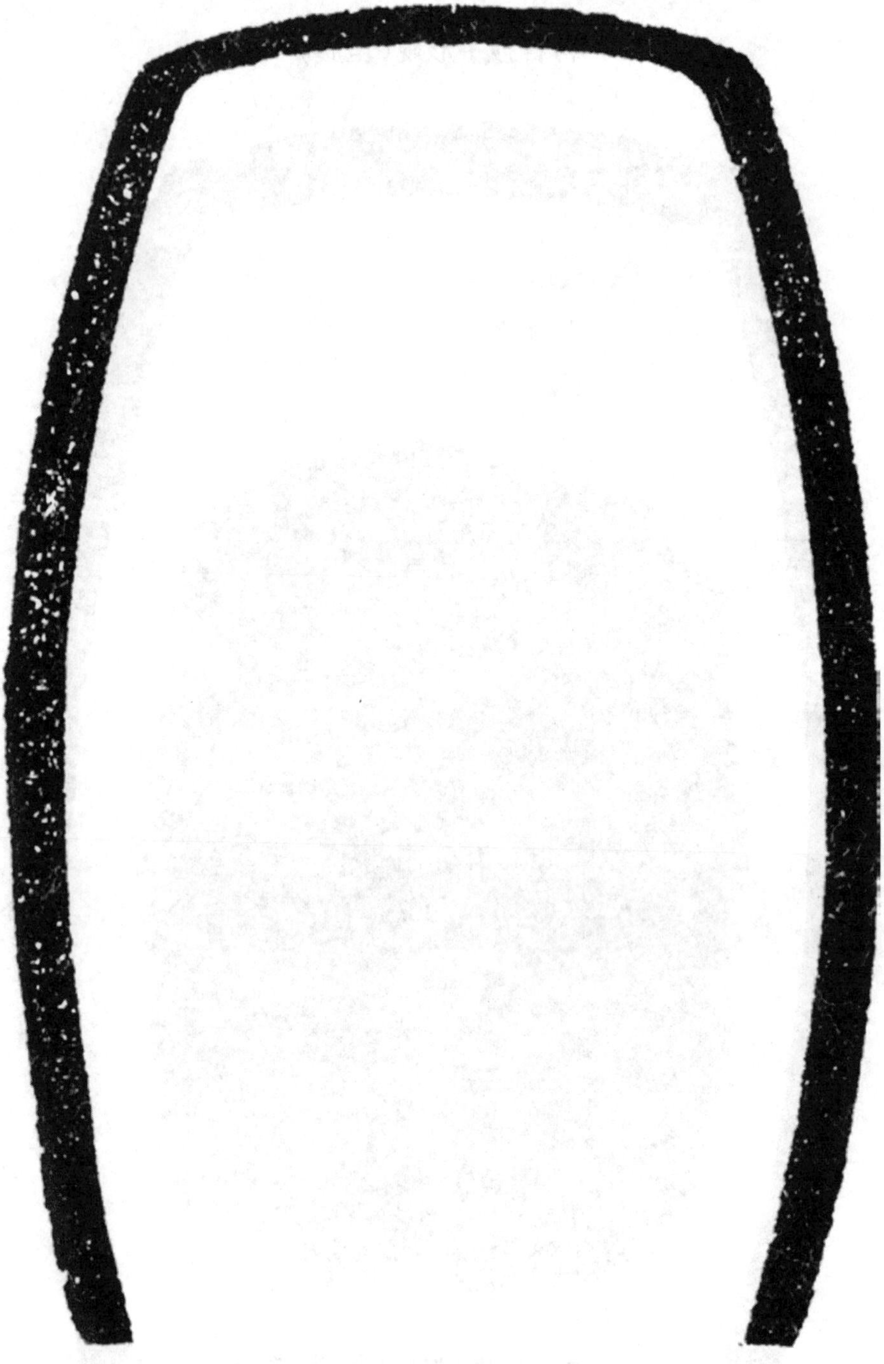

砚右侧铭(行书)：此砚形制颇别，曩所未见。然非俗工所能作，必古有是式，后人耳目自隘耳。嘉庆甲子八月，晓岚记，时年八十有一。

砚左侧铭(行书)：研心太薄，则磨之易热，热则墨生末而无光。此砚故作悬赘，或即为此与？晓岚又记。

砚匣面铭(隶书)：坦腹儽然，如如不动，问汝此中，其真空洞？

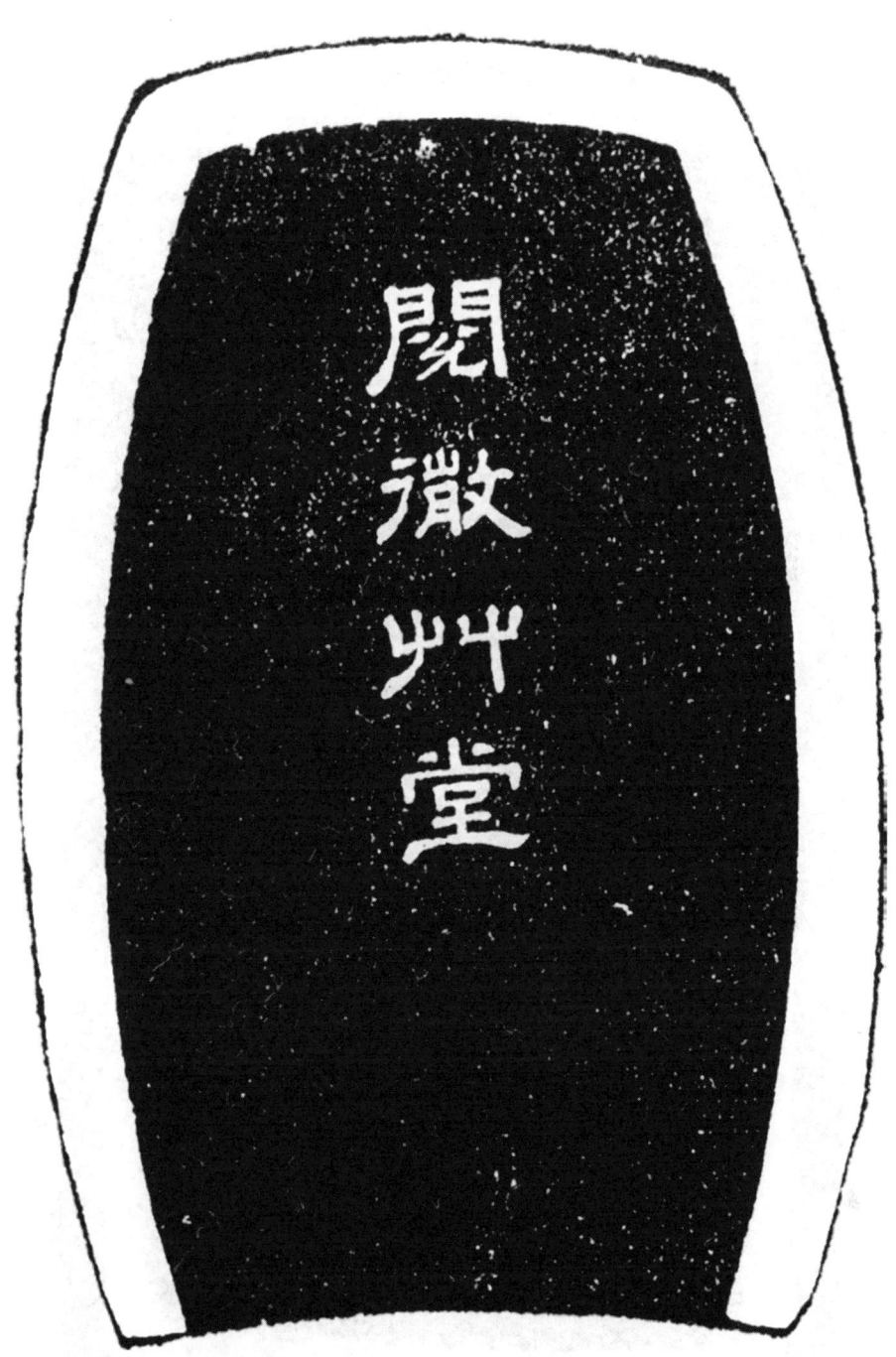

砚匣底铭(隶书)：阅微草堂。

长方形砚(五)

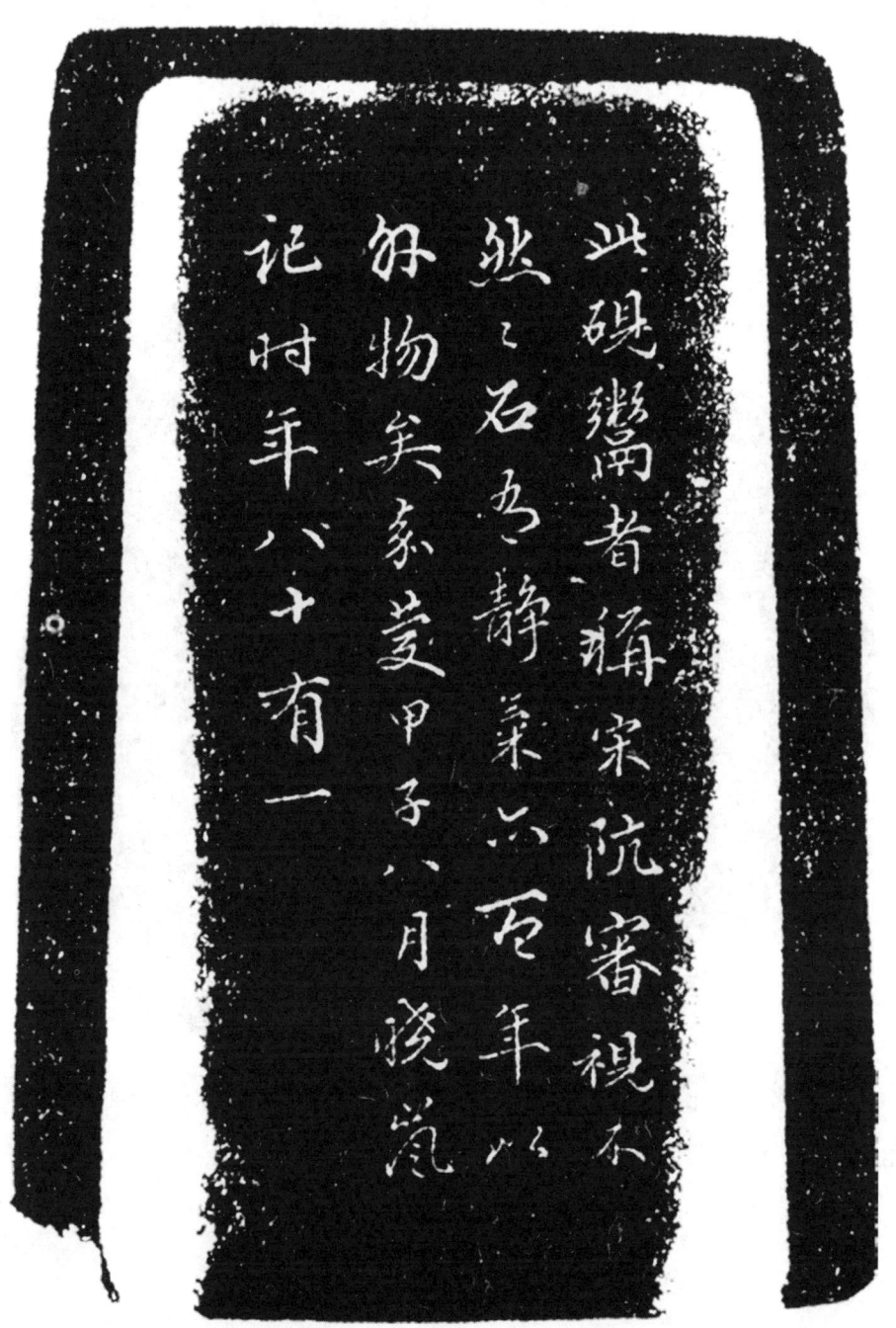

砚背铭(行书)：此砚鬻者称宋坑，审视不然。然石有静气，亦百年以外物矣。嘉庆甲子八月，晓岚记，时年八十有一。

桃形砚

砚背铭(右隶书)：曼倩三窃王母桃，堕而化石沉波涛。水舂沙蚀坚不销，圭角偶露惊舟鲛。漉以琢砚登书巢，尚有灵液濡霜毫。

(左行书)：嘉庆甲子重九，晓岚铭，时年八十有一。

长方形淌水石砚（一）

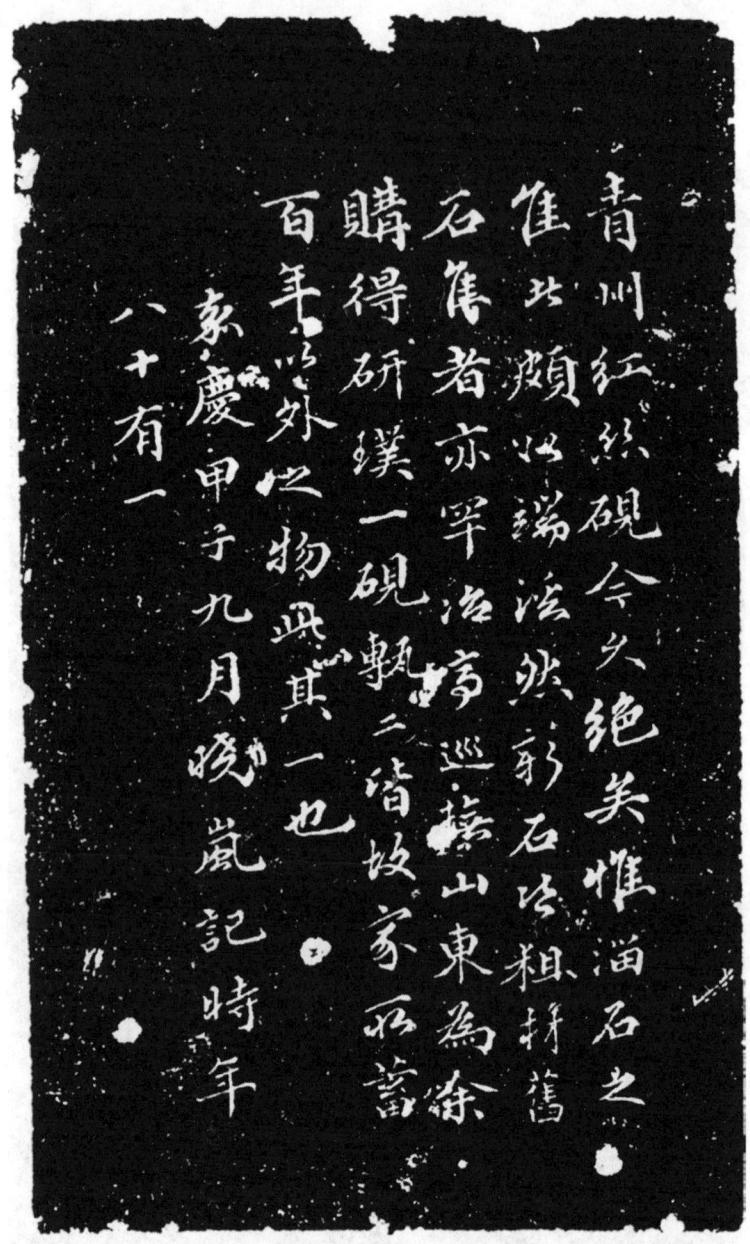

砚背铭(行书)：青州红丝砚今久绝矣。惟淄石之佳者颇似端溪,然新石皆粗材,旧石佳者亦罕。冶亭巡抚山东,为余购得研璞一,砚砖二,皆故家所蓄,百年以外之物,此其一也。嘉庆甲子九月,晓岚记,时年八十有一。

长方形淄水石砚(二)

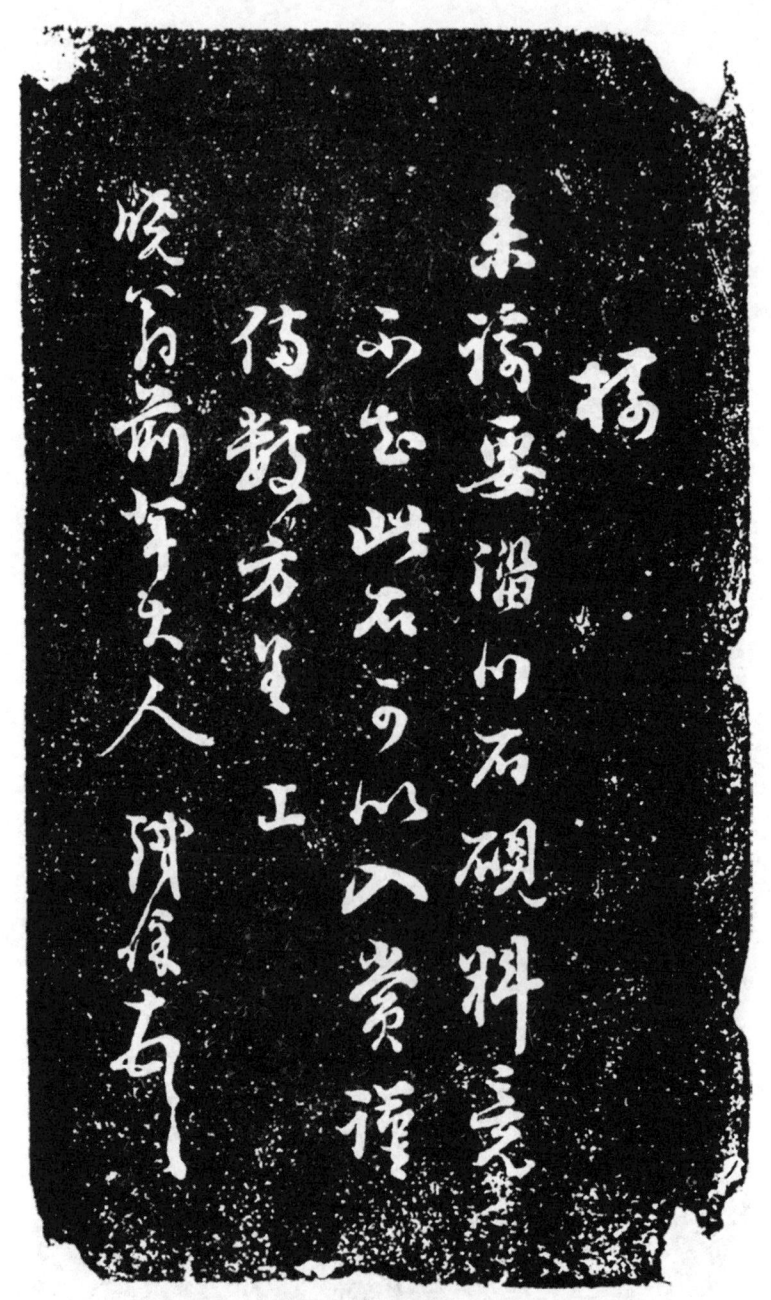

砚背铭(铁保行书)：接来谕要淄川石砚料，竟不知此石可以入赏，谨备数方呈上晓翁前辈大人。铁保拜。

长方形砚(月到天心)

砚背铭(行书):月到天心,清无纤翳。惟邵尧夫,知其意味。嘉庆甲子九月望日,晓岚铭。

圆角风字形砚(下岩石铭)

砚背铭(右隶书):石出盘涡,阅岁孔多。刚不露骨,柔足任磨。此为内介而外和。

(左楷书):嘉庆甲子九月铭,晓岚。

长方形砚(金水附日)

砚背铭(行书)：金水两星，恒附日行。天既成象，地亦成形。一融一结，妙合而凝。此石殆偶聚其精英。嘉庆甲子九月，晓岚铭。

长方形歙石砚（眉寿）

砚背铭（篆书）：眉寿。（落款行书）：性存居士题。

砚侧铭（隶书）：海宁陈文勤公蓄古砚二，辗转贩鬻皆归于余。一为端石，刻"澄泉结翠"四篆字，署"性存居士家之巽题"，后为石庵持去。一为歙石，即此砚也。家之巽，名见《癸辛杂志》，则二砚为宋石审矣。嘉庆甲子十月，晓岚记。

圆角长方形砚(日观峰老衲)

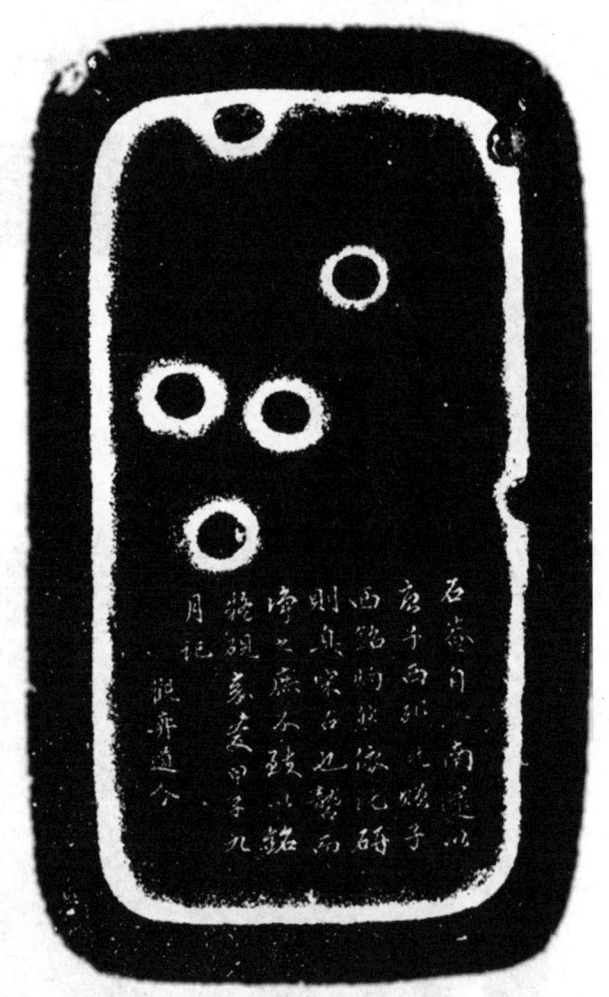

砚背铭(行书)：石庵自江南还，以唐子西砚见赠。子西铭灼然依托，研则真宋石也。砻而净之，庶不致以铭疑砚。嘉庆甲子九月记，观弈道人。

砚侧铭(刘墉行书)：日观峰老衲。

椭圆形砚(石函)

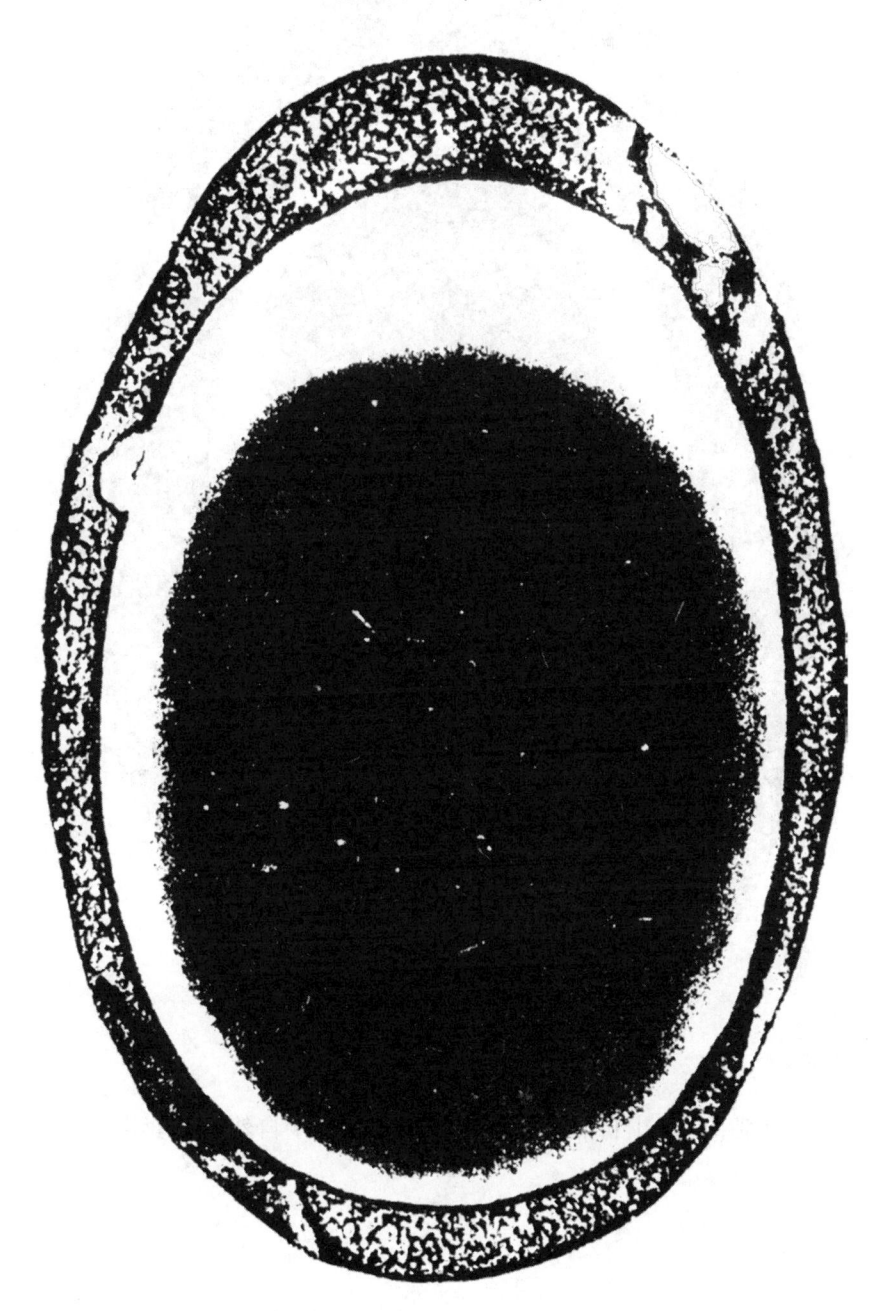

砚背铭(隶书)：似出自然，而非自然，然亦渐近于自然。观弈道人铭。

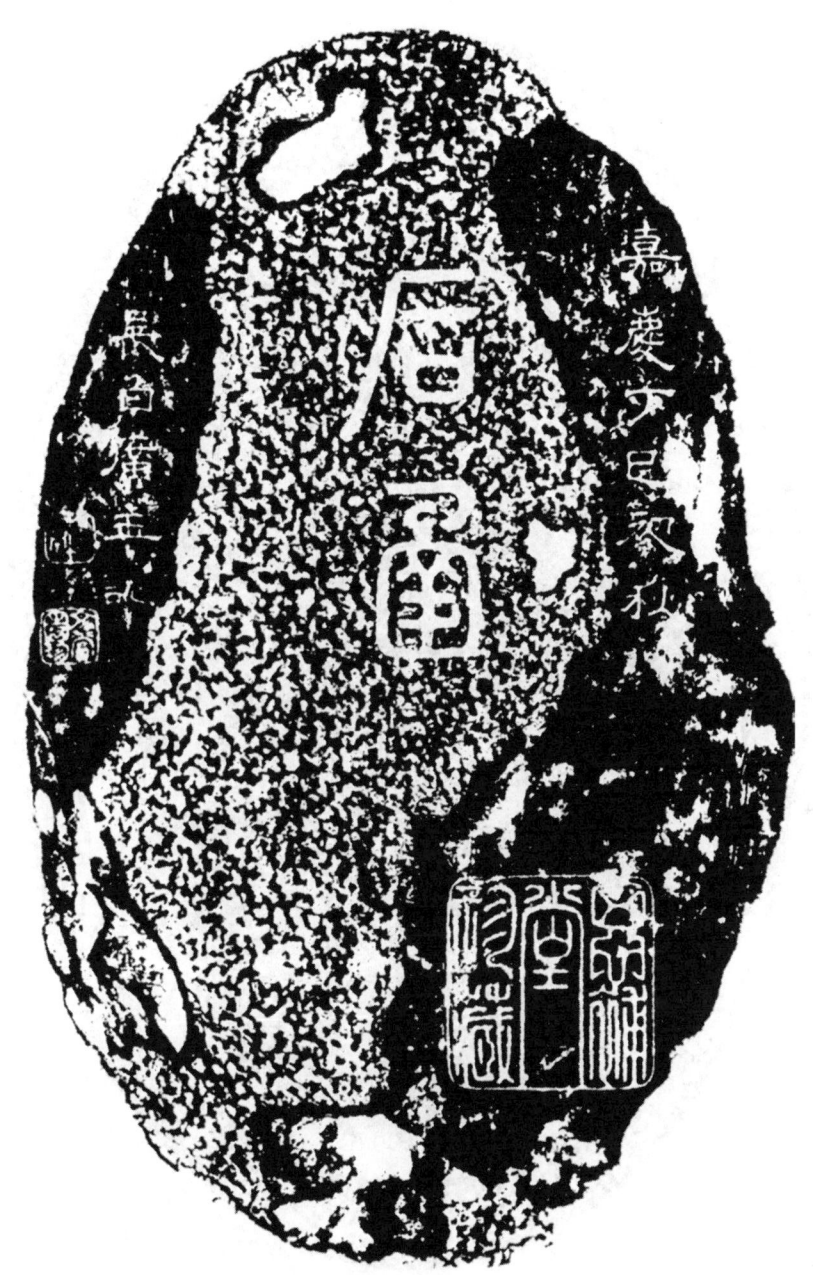

砚盖铭(正文篆书):石函。

(题款隶书):嘉庆丁巳初秋,长白广玉记。印:口文园珍赏。

右下角白文大方印:思补堂珍藏。

砚背铭(楷书)：嘉庆甲子十月，戴可亭自江南典试归，以此砚赠观弈道人。澄泥本以仿石，此石乃仿澄泥，亦殊别致也。

风字形砚（淄水石）

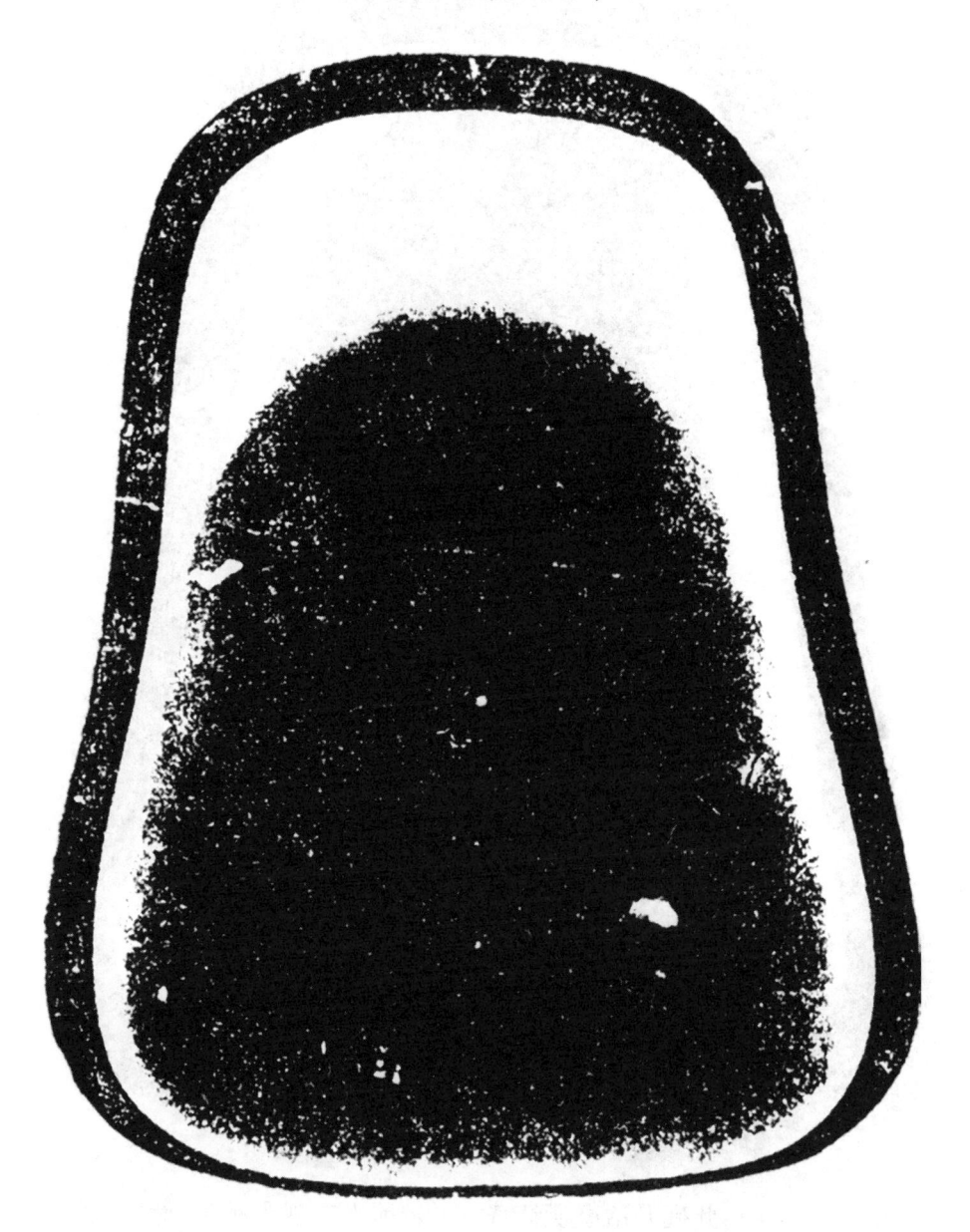

砚背铭（楷书）：此砚乃冶亭所续寄。虽较前寄三砚为稍新，然肌理缜密，亦非近日淄石所有也。嘉庆甲子十月，晓岚记。

长方形砚(月堤)

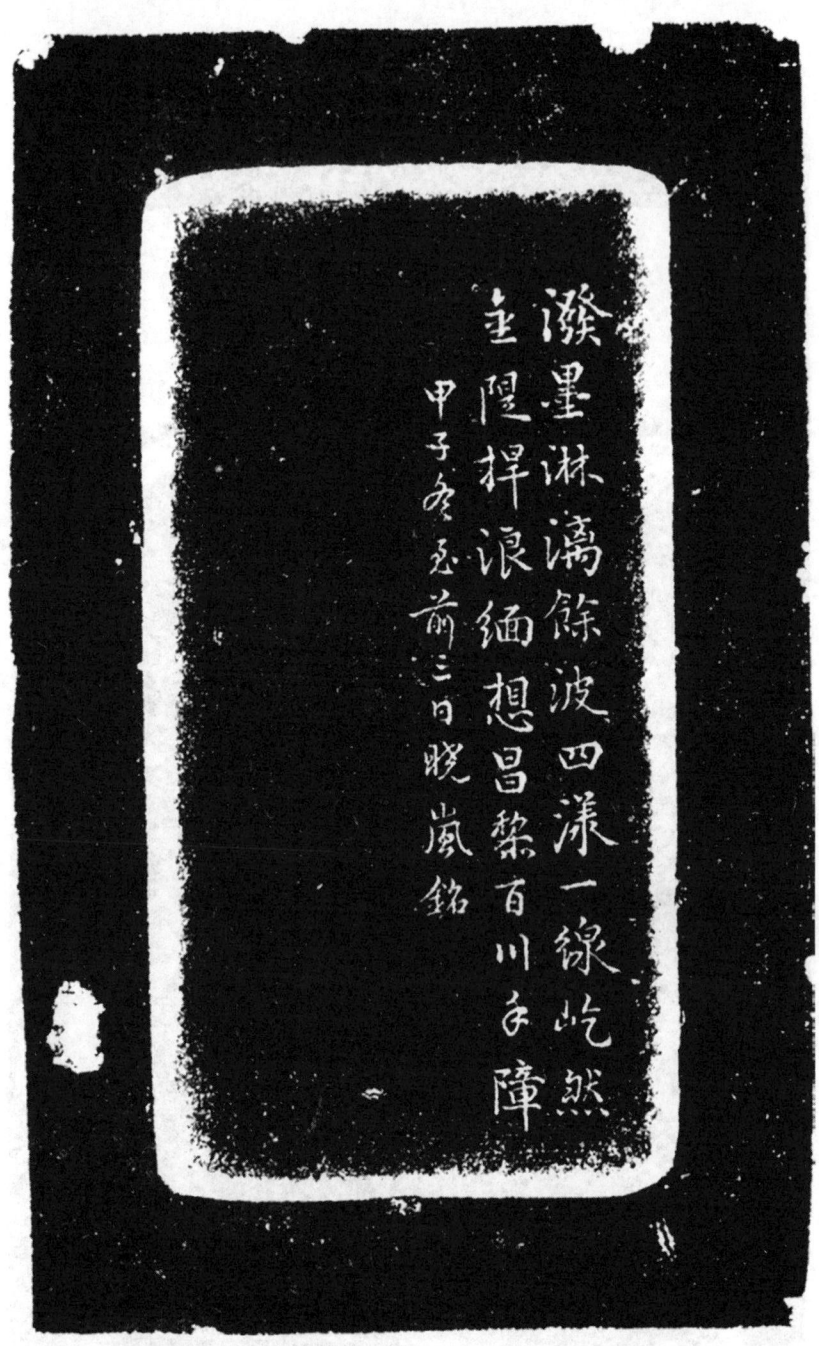

砚背铭(行书)：泼墨淋漓，余波四漾。一线屹然，金堤捍浪。缅想昌黎，百川手障。甲子冬至前三日，晓岚铭。

葫芦形砚（一）

砚背铭(上行书)：因石之形，琢为此状。虽画壶卢，实非依样。

（下行书）：观弈道人，作斯墨注。虚则翕受，凹则汇聚。君子谦谦，憬然可悟。嘉庆乙丑正月铭，时年八十有二。

竹形砚

砚背铭(行书)：其断简欤？乃坚多节。略似此君，风规自别。乙丑正月，晓岚铭，时年八十有二。

琴形砚(三)

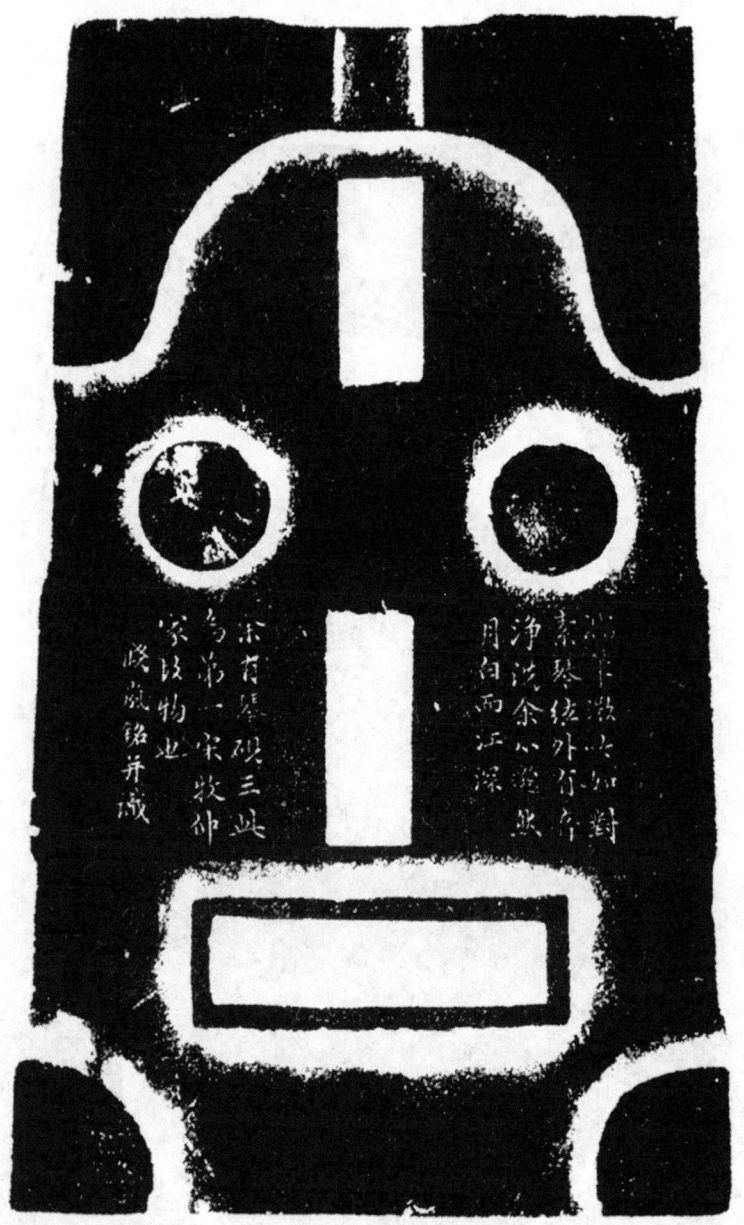

砚背铭(行书)：濡笔微吟，如对素琴。弦外有音，净洗余心。邈然月白而江深。余有琴砚三，此为第一，宋牧仲家故物也。晓岚铭并识。

长方形歙砚(龙尾)

砚右侧铭(行书)：坚而不顽，古砚类然，久矣夫，此意不传。石庵论砚之宗旨，此砚近之，因括其意，复为此铭。

砚左侧铭(隶书)：好春轩之故物，今归于阅微草堂。

砚背铭(行书)：刚不拒墨，相著则黑。金屑斑斑，歉之古石。晓岚铭。

椭圆形砚（四）

砚背铭：云此砚材，凿诸西洞。未审必然，然颇适用。晓岚。

斧形砚(小斧)

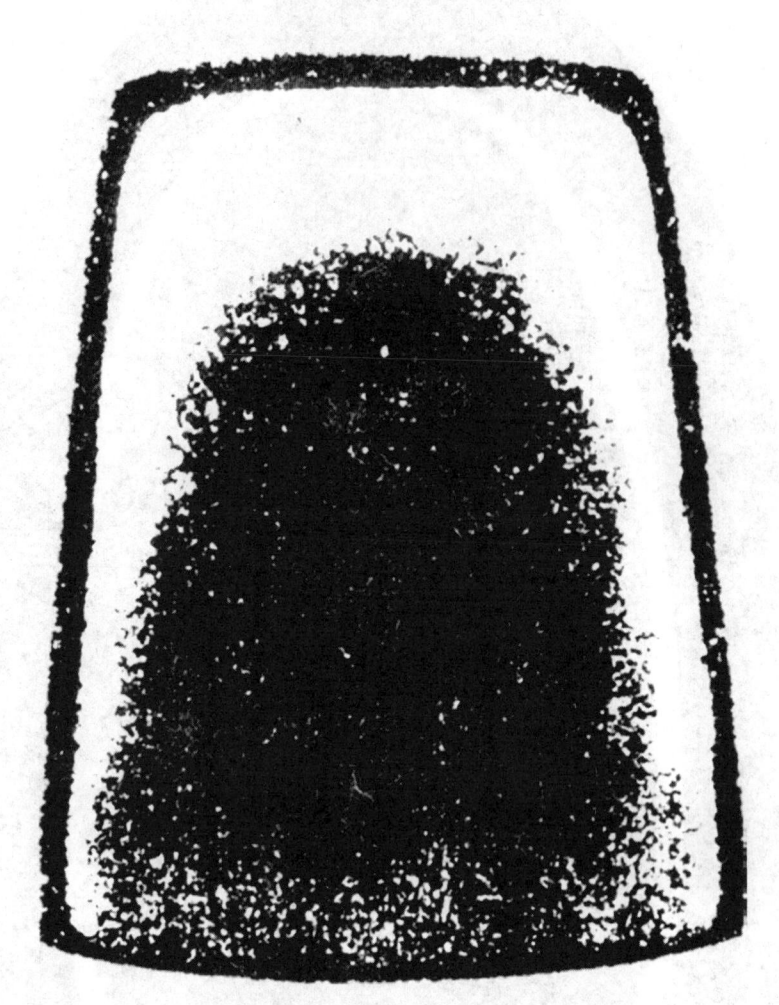

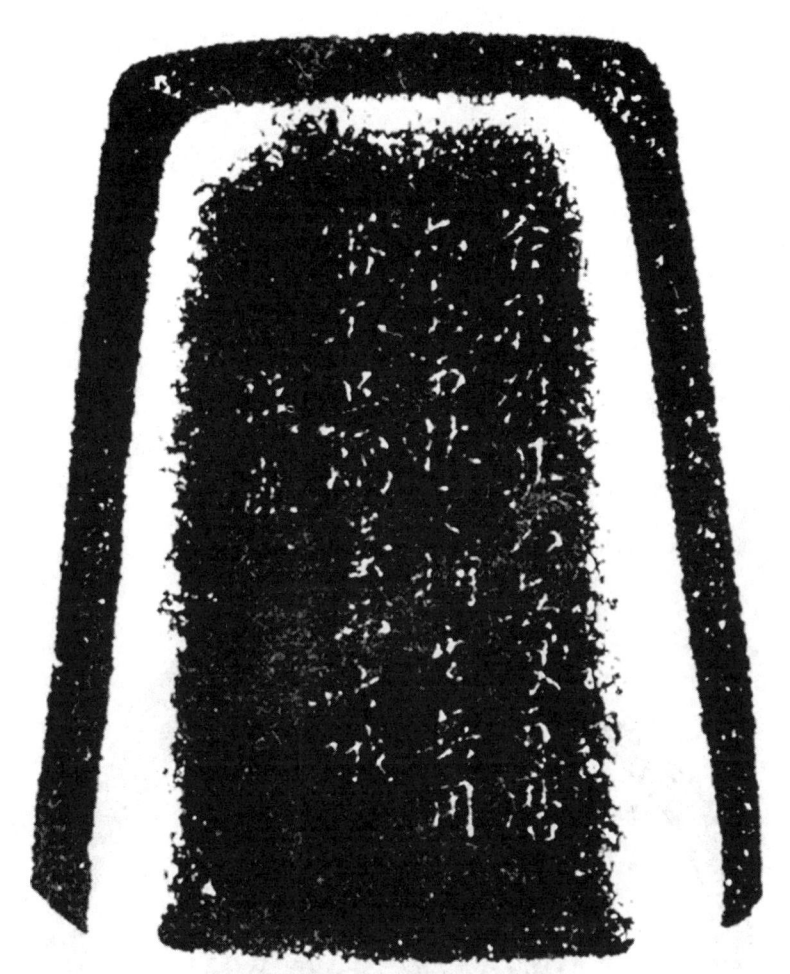

砚背铭(行书)：斧形虽具,而无刃可磨,亦无可执之柯。其无用审矣,且濡墨而吟哦。晓岚。

葫芦形砚(二)

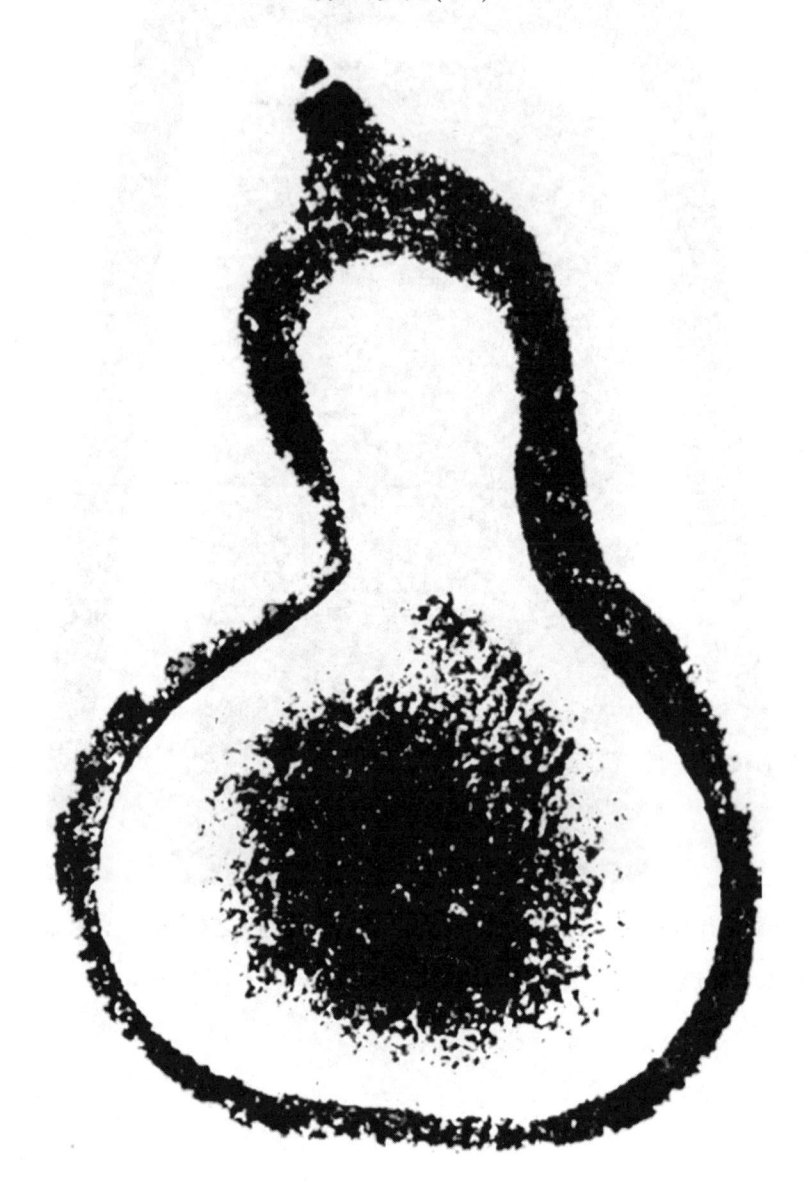

砚背铭（右行书）：既有壶卢，无妨依样。任吾意而画之，又不知其何状。

（左隶书）：晓岚。

天然荷叶砚

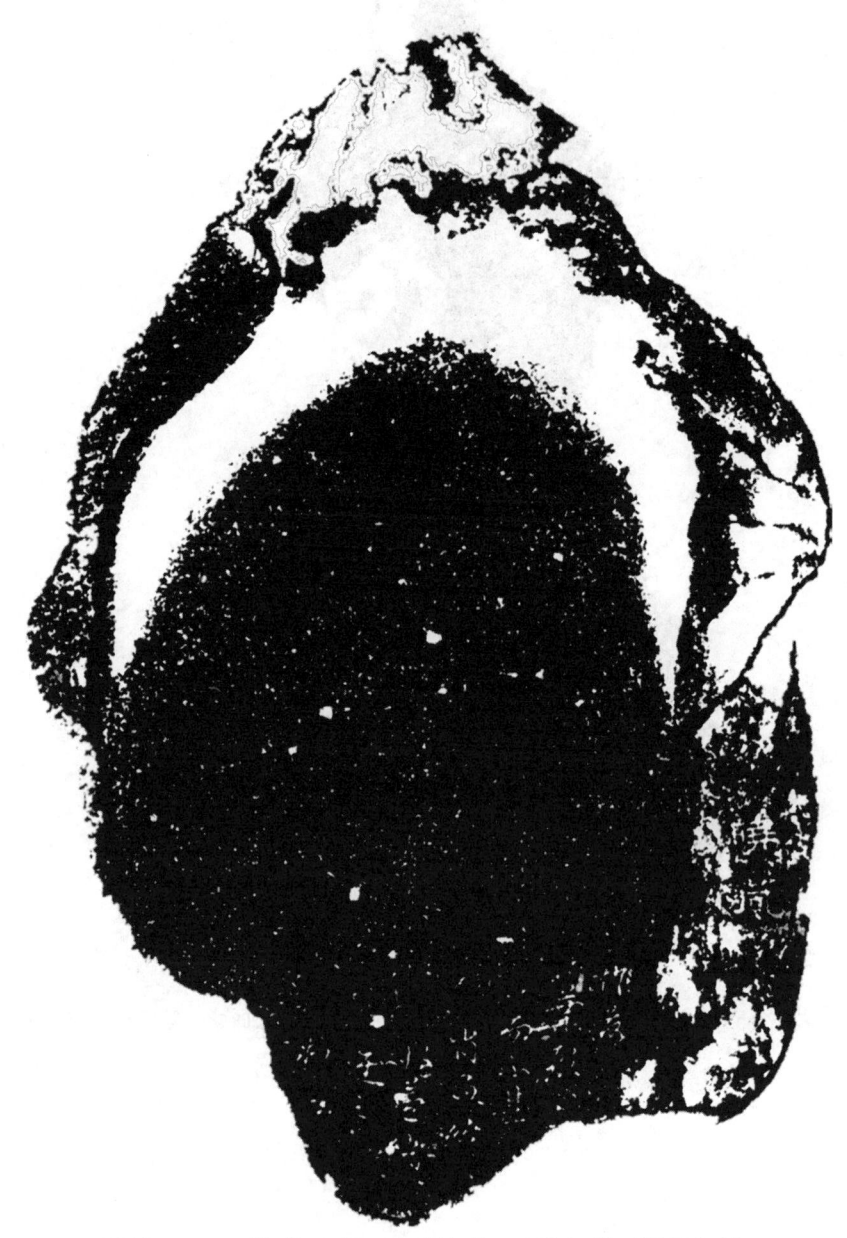

砚面下沿铭(行书)：作荷叶形，而不甚肖，画竹似芦，倪迂之妙。

砚面右侧铭(隶书)：晓岚。

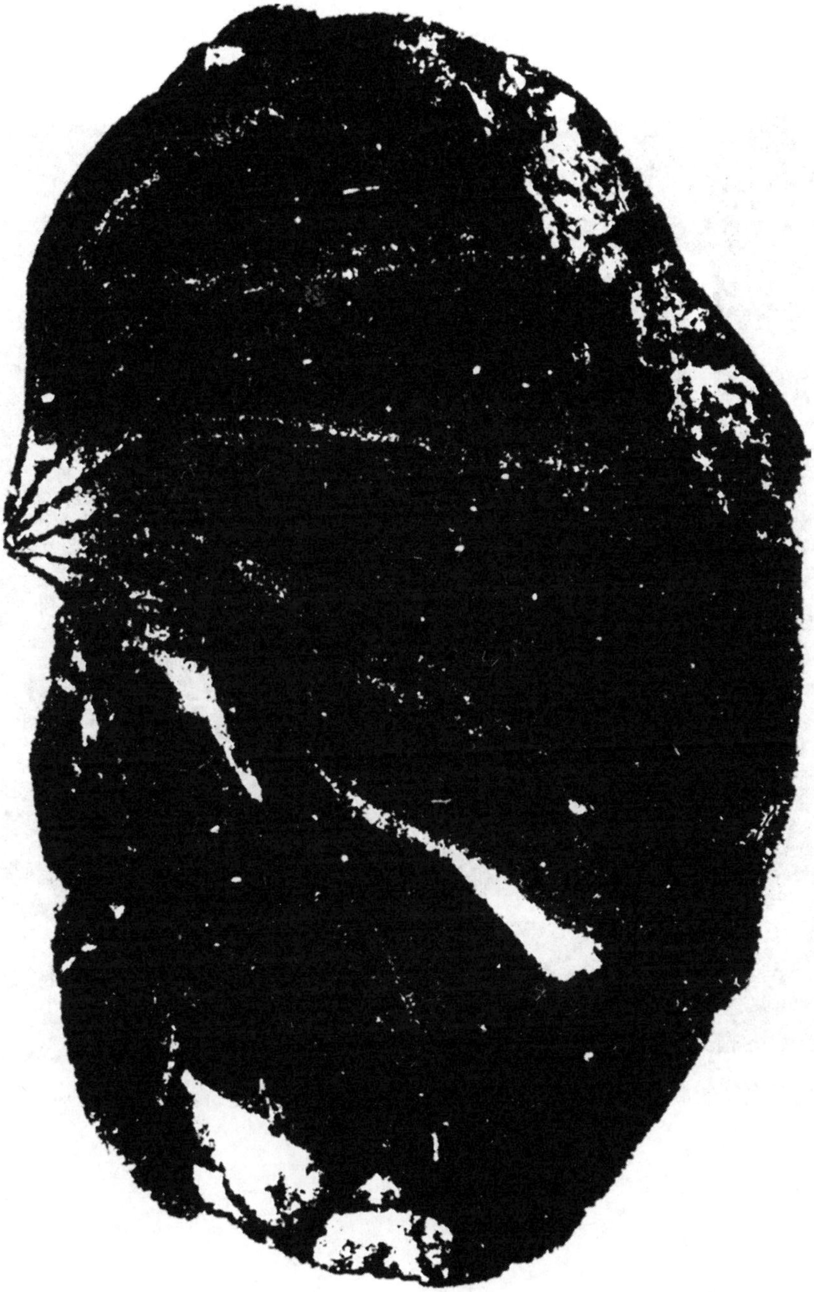

方形砚(水田)

砚背铭(隶书):宛肖水田,沟塍纡曲。忽忆燕南,稻青柳绿。晓岚铭。

长方形砚(水田二)

砚额铭(行书):流水周圆,中抱石田。笔耕不辍,其终有丰年。晓岚铭。

长方形砚（澄泥仿瓦）

砚额铭（行书）：瓦能宜墨，即中砚材。何必汉未央宫、魏铜雀台。晓岚。

琴形砚(四)

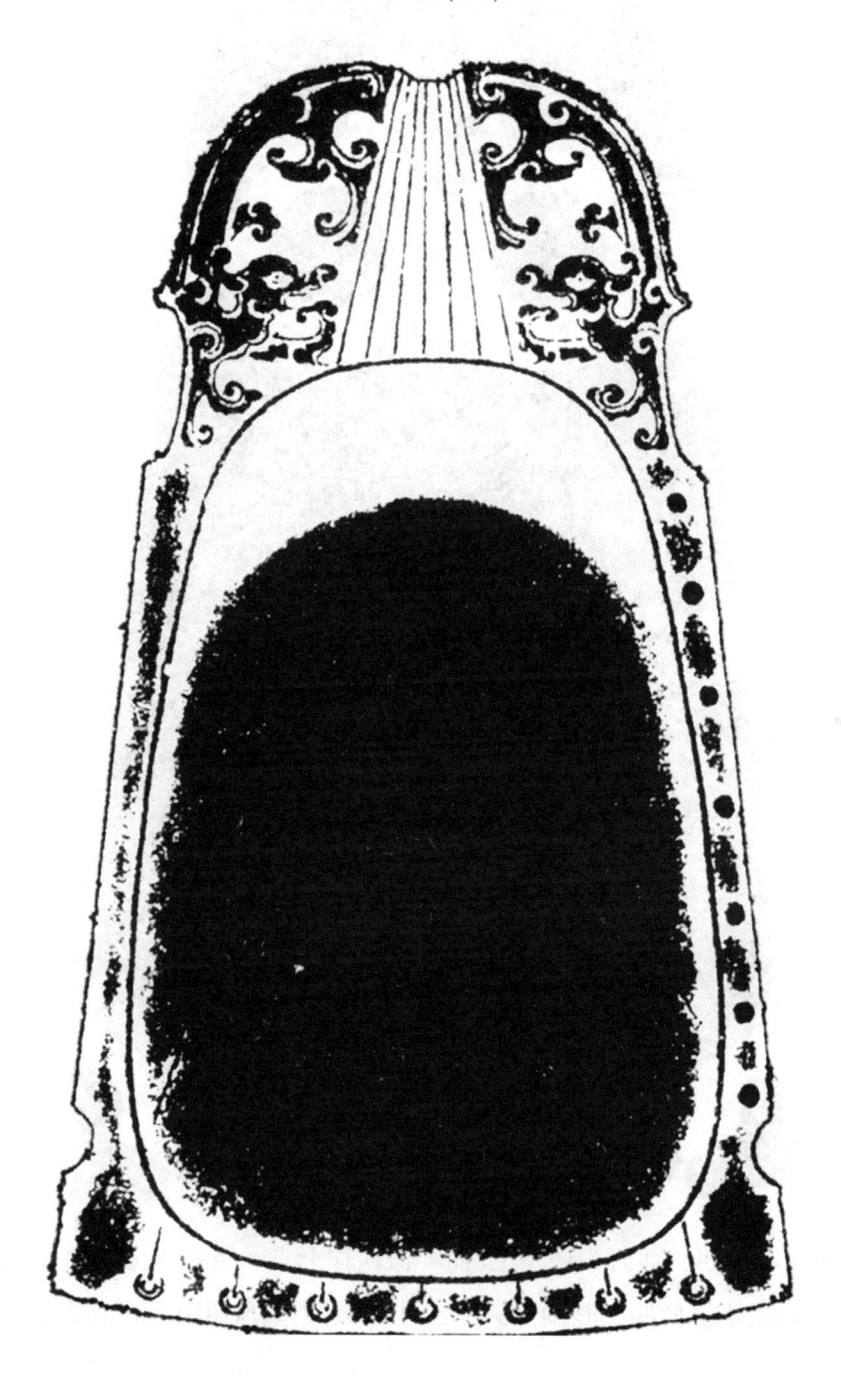

砚背铭(行书)：此研刻镂稍工，而琴徽误作七点。晓岚戏为之铭曰：无曰七徽，难调宫羽。此偶象形，昭文不鼓。书兴倘酣，笔风墨雨。亦似胎仙，闻琴自舞。

自然形砚（一）

砚背铭（楷书）：其锋如砺，傥枚叔飞书，或亦资其铦利。此策制军所采新坑石，其质微粗。观弈道人戏为之铭。

不规则圆形砚（白龙堆石）

砚背铭(右隶书)：石产龙堆，西征偶遇。不琢不磨，砚形略具。试墨未宜，研朱其庶。

(左楷书)：晓岚铭。

椭圆形砚(五)

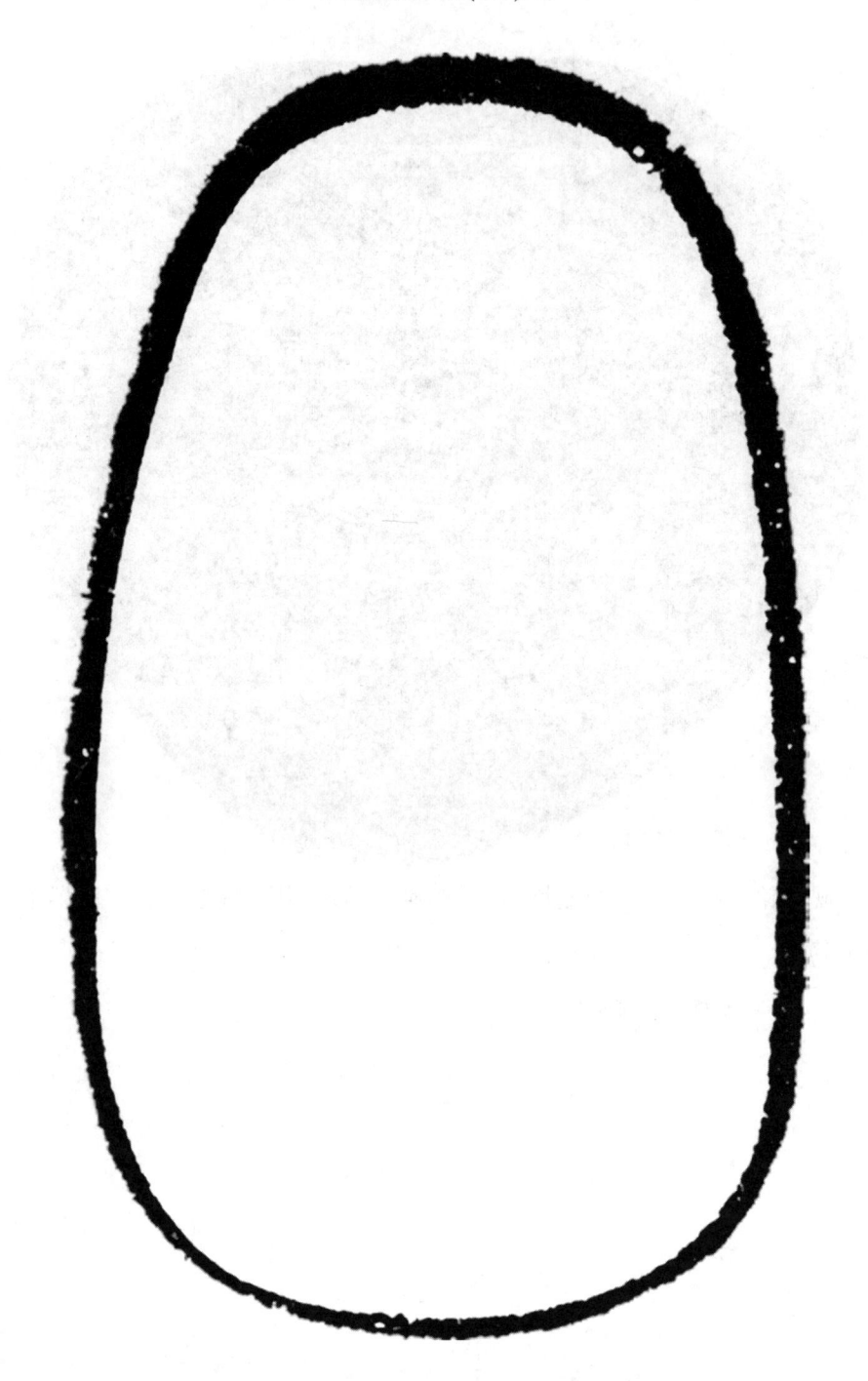

砚背铭(左侧行书大字)：晓岚。

（右侧行书）：此二字石庵所书，奇气栩然，如画家逸思，当于点画外求之。

不规则长方形砚

砚侧铭(隶书)：晓岚。

砚盖铭(篆书):石函。

砚背铭(隶书)：河间纪氏阅微草堂。

自然形砚(二)

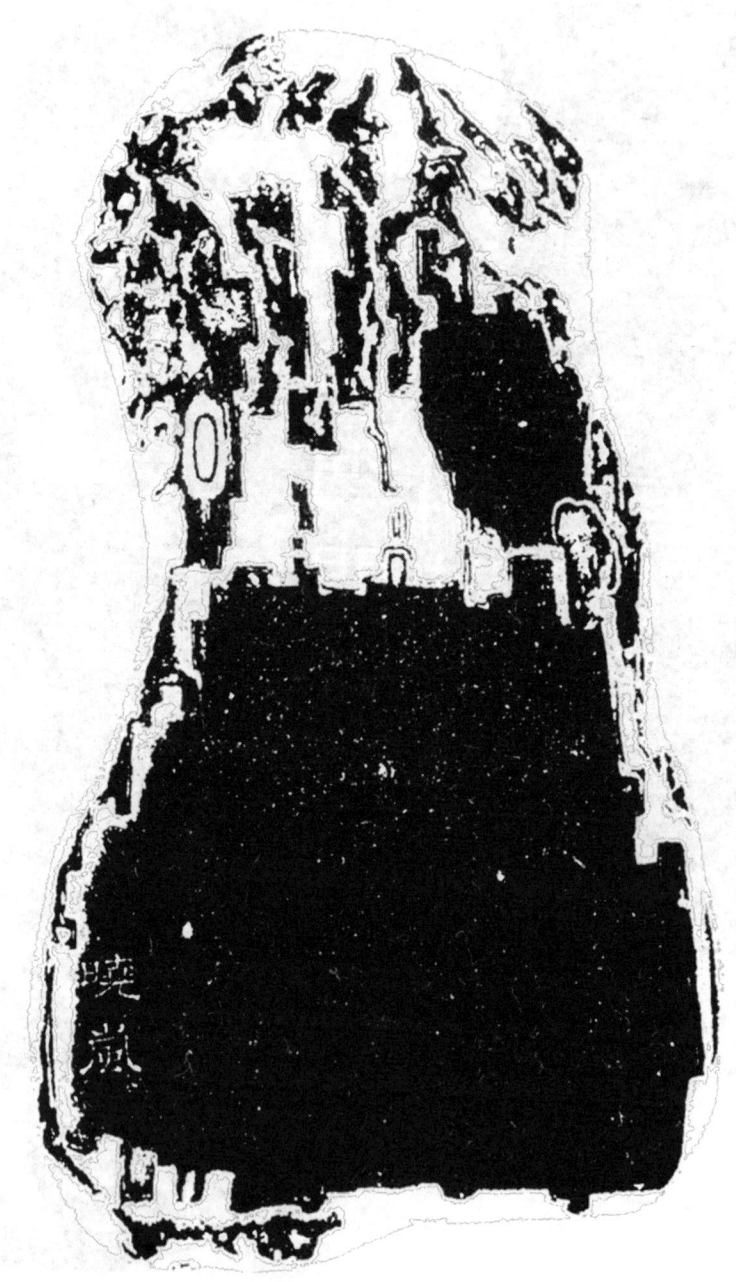

砚面左下角铭(隶书):晓岚。

阅微草堂砚谱

椭圆形砚（槐西老屋）

砚背铭(行书)：槐西老屋。

圆形赐砚

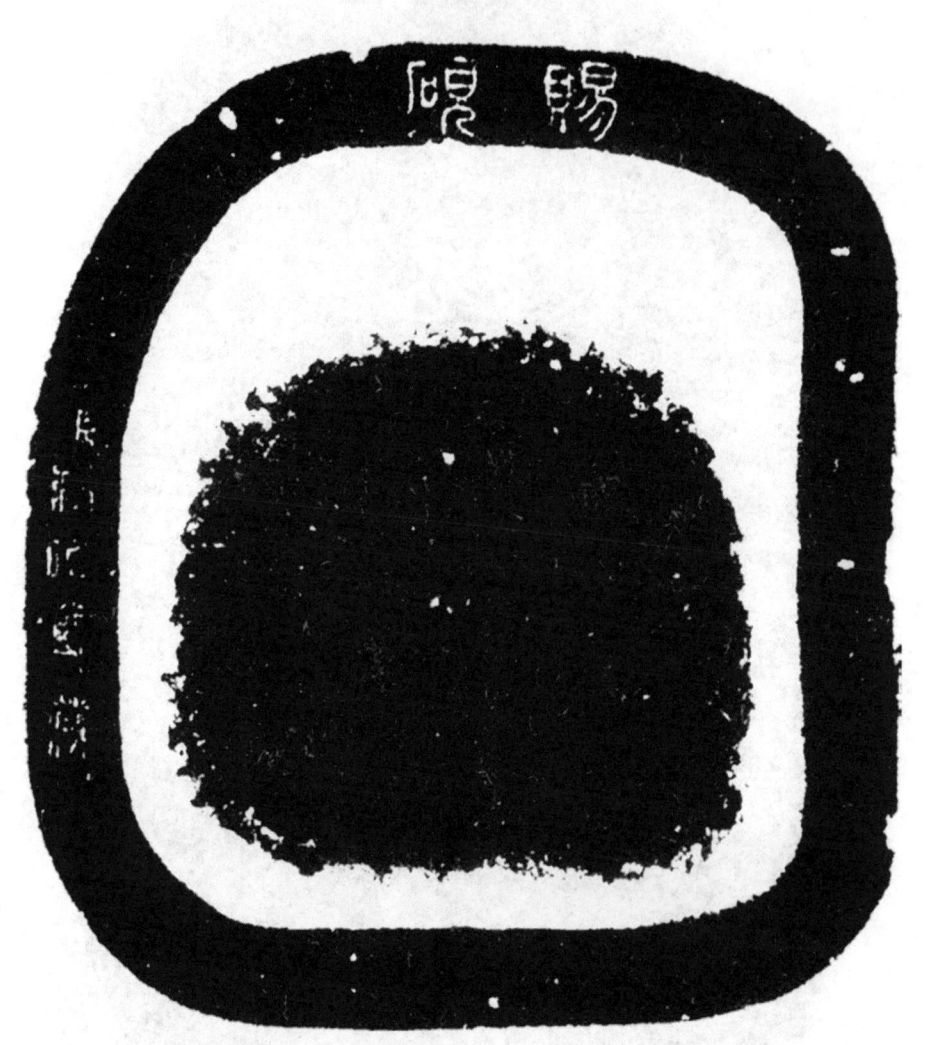

砚额铭(篆书)：赐砚。

砚面左唇铭(篆书)：臣纪昀敬藏。

阅微草堂砚谱

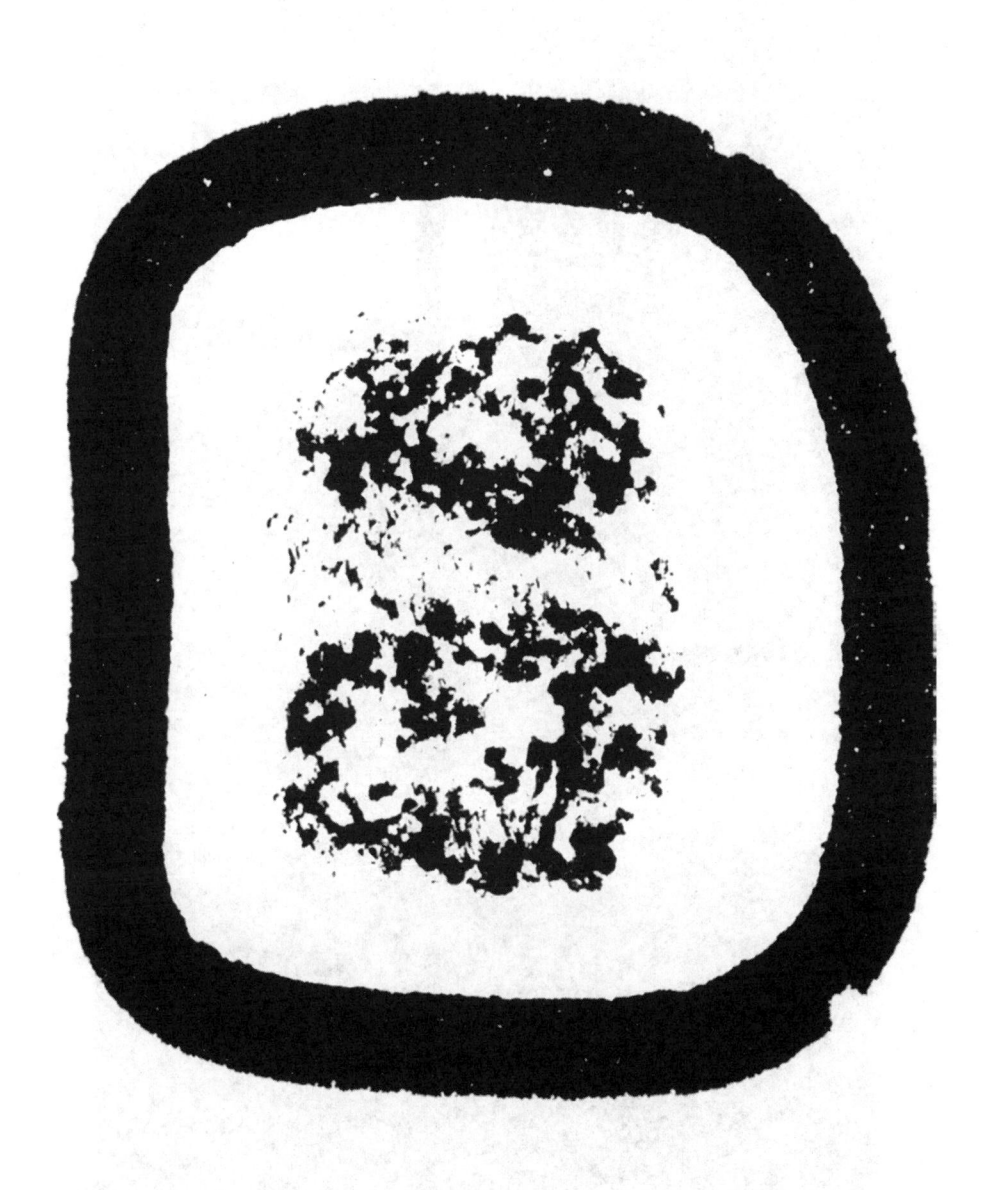

长方形砚(六)

砚额铭(隶书)：玉井。

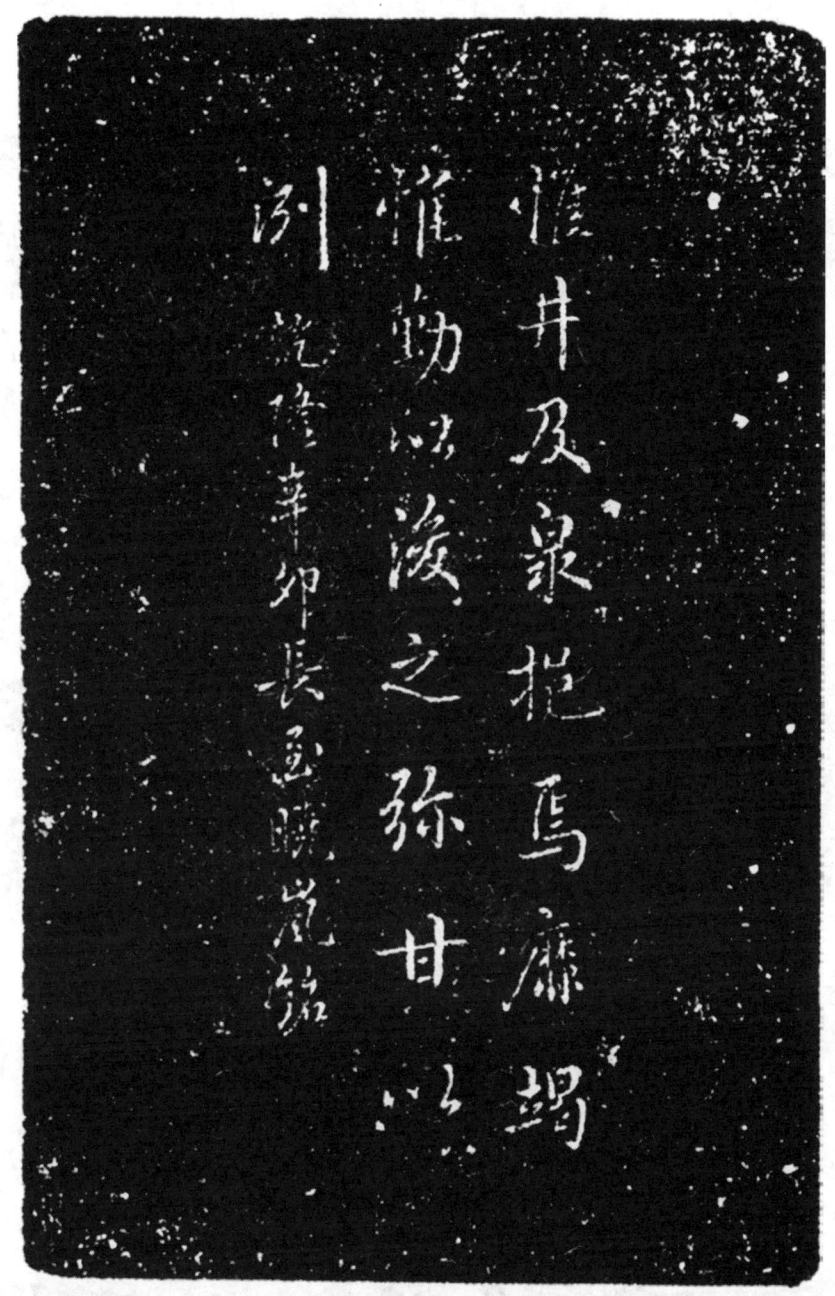

砚背铭(行书):惟井及泉,挹焉靡竭。惟勤以浚之,弥甘以洌。乾隆辛卯长至,晓岚铭。

长方形砚(黼黻)

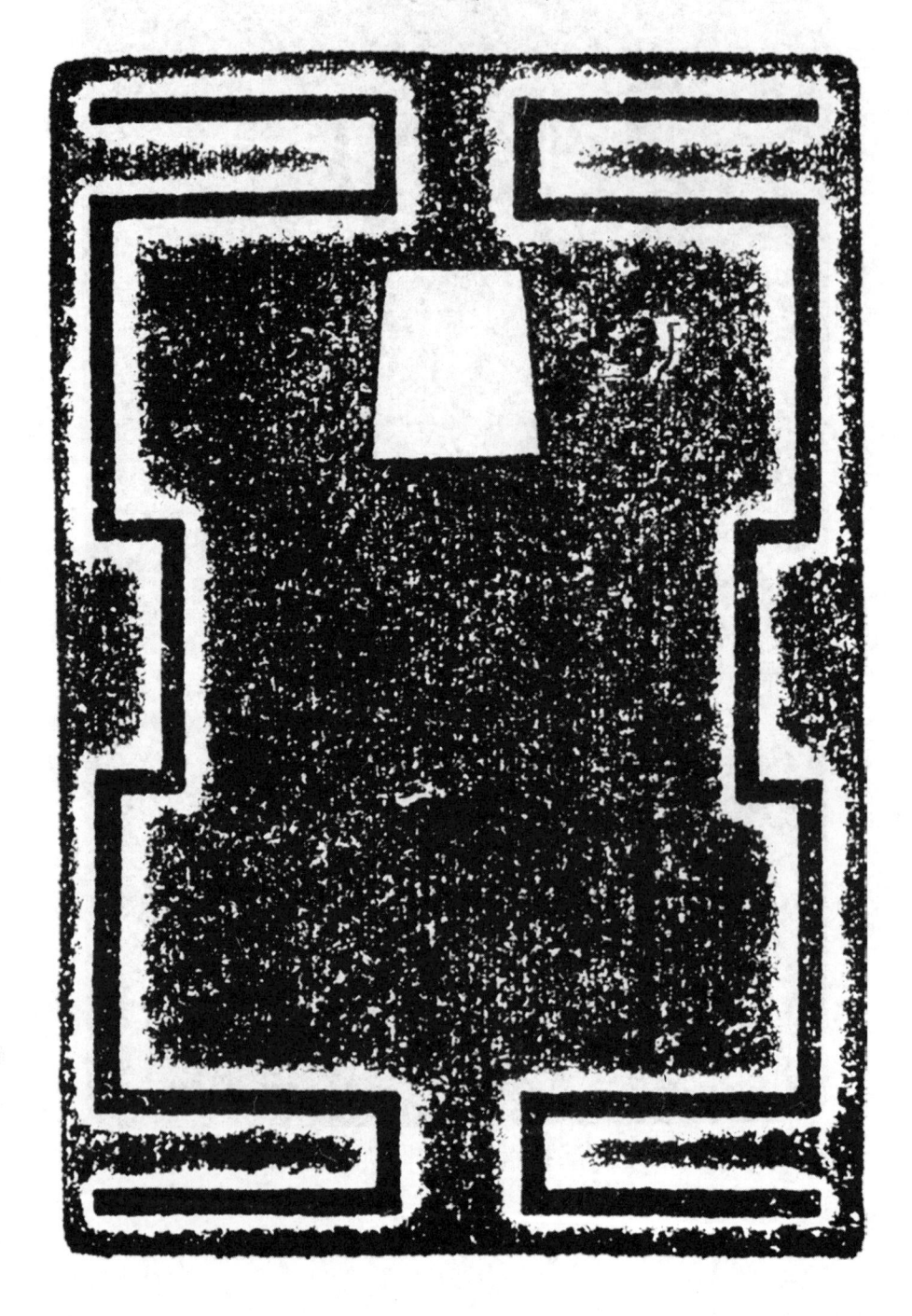

阅微草堂砚谱

砚右侧铭(隶书)：黼作斧形,贵其断也。黻作两己,无我见也。此缔绣之本旨,非徒取文章之绚烂也。乾隆癸巳仲秋,晓岚铭。

砚左侧铭(楷书)：黻黼升平,借有文章。老夫耄矣,幸际虞唐,犹思拜手而赓飏。嘉庆乙丑二月,晓岚又铭,时年八十有二。

长方形砚(蒋春农赠)

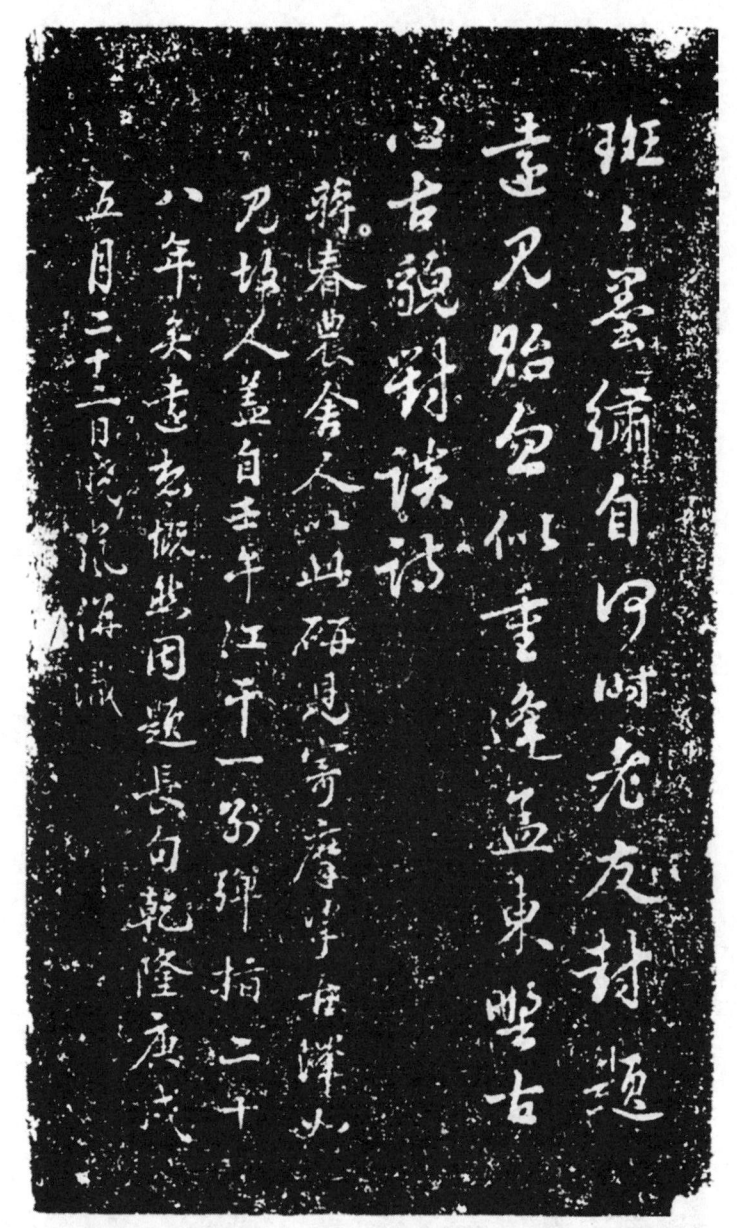

砚匣铭(行书)：斑斑墨绣自何时，老友封题远见贻。忽似重逢孟东野，古心古貌对谈诗。

跋：蒋春农舍人以此砚见寄，摩挲古泽，如见故人。盖自壬午江干一别，弹指二十八年矣。远想慨然，因题长句。乾隆庚戌五月二十二日，晓岚并识。

梯形砚（羚峡石）

砚背铭(楷书)：羚峡石，余所惜。虽已坼，犹断璧。晓岚铭。

圭形砚

砚背铭(行书)：圭本出棱，无嫌于露。腹剑深藏，君子所恶。庚戌十有一月，晓岚铭。

长方形砚(七)

砚背铭(行书)：紫云割尽无奇石，次品才珍蕉叶白。如今又复推青花，摩挲指点争相夸。一蟹不能如一蟹，可怜浪掷黄金买。请君试此新研砖，挥毫亦自如云烟。庚戌腊月，晓岚铭。

自然形砚(三)

砚背铭(隶书)：石骨坚,乏者润。虽太刚,胜顽钝。丁巳八月,晓岚铭。

长方形仿宋砚

砚背铭(隶书)：石则新，式则古。与其雕锼，吾宁取汝。嘉庆三载，岁在戊午，晓岚作铭，时年七十有五。

长方形砚(八)

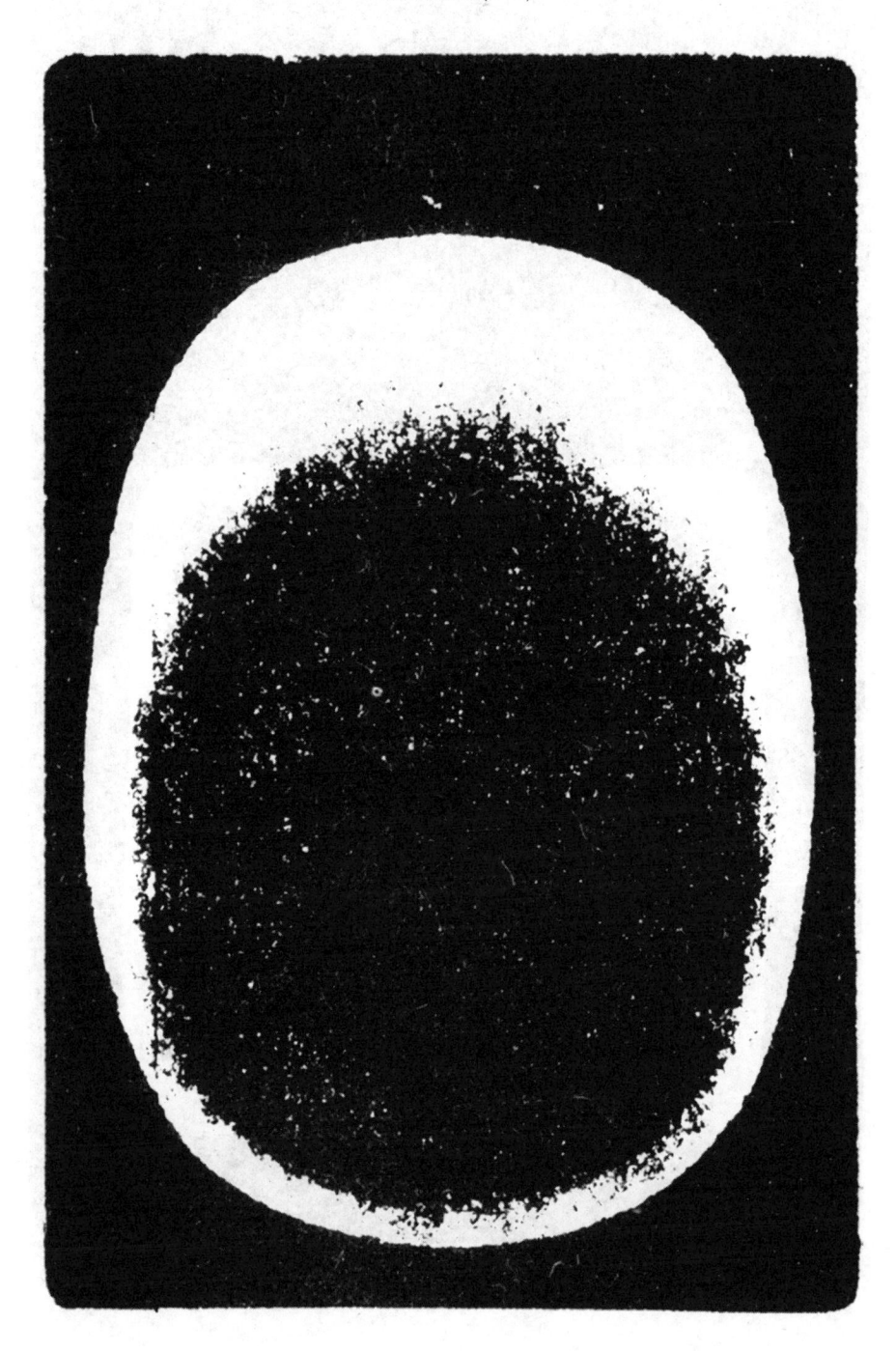

砚背铭(行书)：质虽薄，肌理坚。余已疏于笔墨矣，谅不至于磨穿。晓岚。

蕉叶形砚

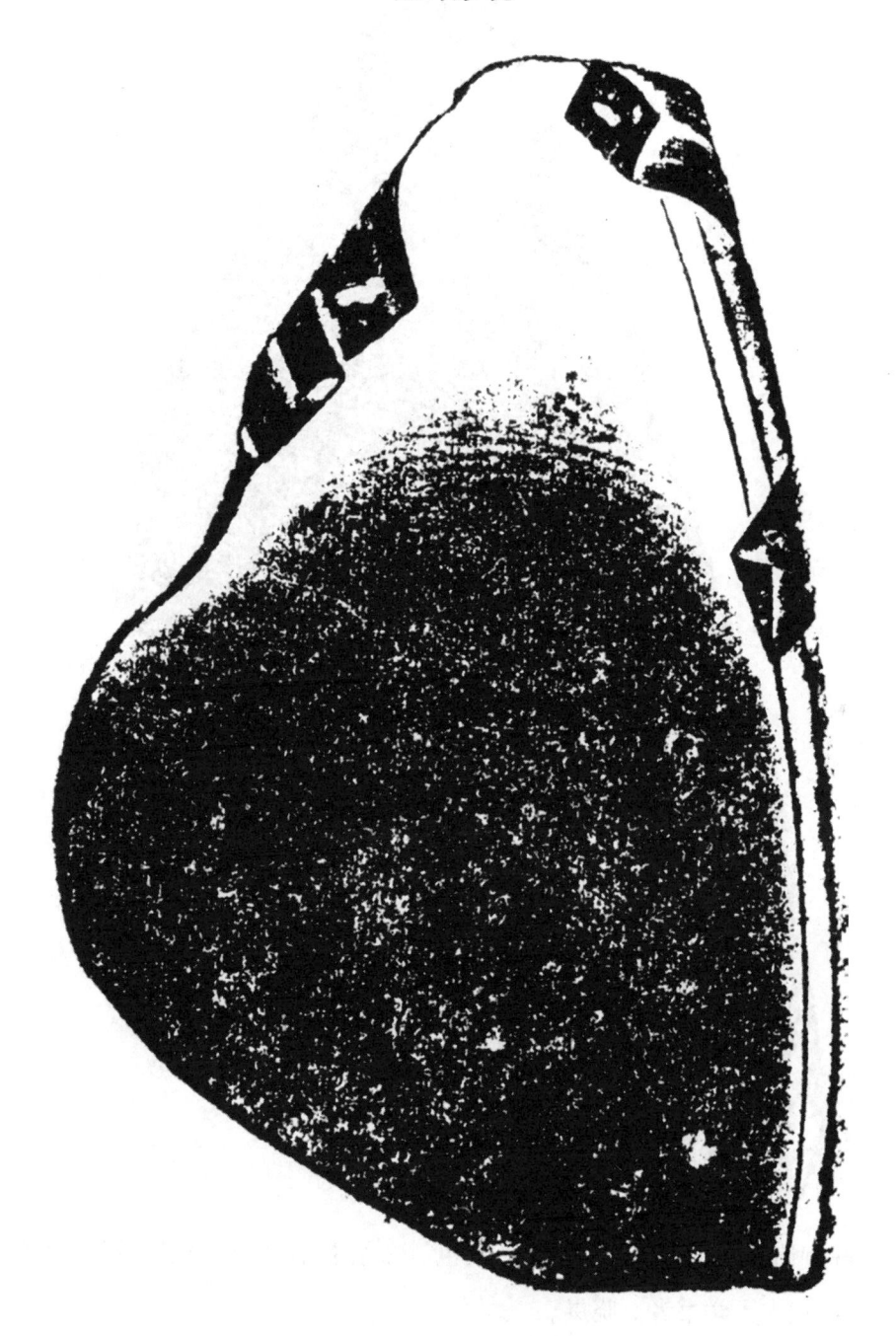

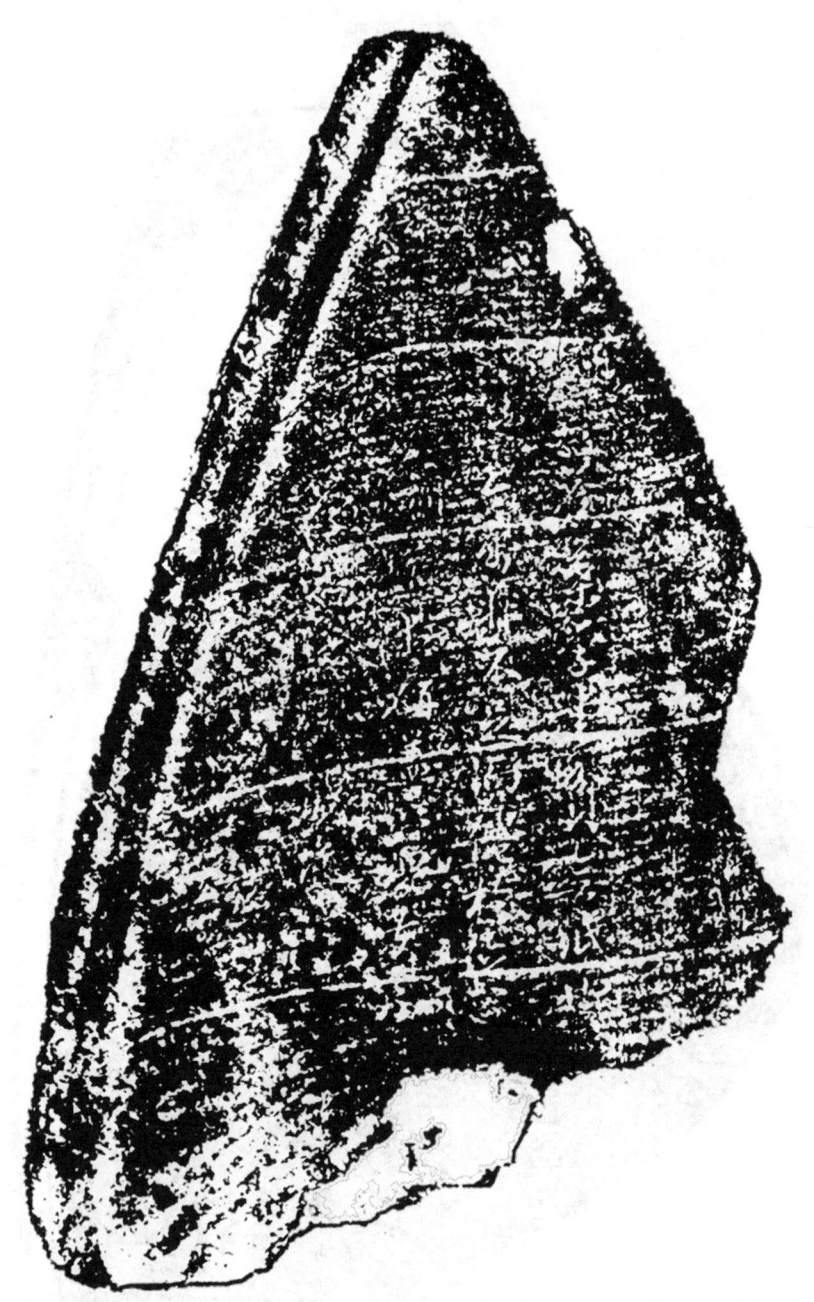

砚背铭(行书)：蕉叶学书，贫无纸也。今纸非不足，而倦于临写。刻蕉于研，盖以愧夫不学书者。晓岚。

方形五铢砚

砚面铭(篆书)：五铢。

砚面四角铭(隶书)：孔方兄，入□府。此中人，惟□□。

长方形砚(九)

砚侧铭(行书):虽非旧石,尚不枯焦。虽非旧式,尚不剿雕。古研日稀矣,斯亦勿过于訾謷。晓岚铭。

纪晓岚著述存目

一、钦定热河志

二、河源纪略

三、钦定八旗通志

四、历代职官表

五、纪晓岚删定四库全书总目

六、纪晓岚家书

七、纪氏嘉言

纪晓岚生平与著述编年

雍正二年　甲辰　1724 年　一岁

六月十五日午时,生于直隶河间府献县(今河北省沧县)崔尔庄。

纪昀,字晓岚,一字春帆,号石云、观弈道人、孤石老人。人称茶星、纪河间。谥文达。

雍正五年　丁未　1727 年　四岁

受书,师及孺爱。

少而奇颖,目数行下。

雍正八年　庚戌　1730 年　七岁

是年,父容舒参加会试,授户部四川司主事。

雍正十二年　甲寅　1734 年　十一岁

随父容舒至京师。

正月开馆授书。

雍正十三年　乙卯　1735 年　十二岁

侍父居京师。

蒙师李若龙中乡试举人。

从李绂、方苞游,闻其余绪。

乾隆元年　丙辰　1736 年　十三岁

侍父居京师。

乾隆三年　戊午　1738 年　十五岁

从董邦达授业。

夏,读书于崔尔庄。

乾隆四年　己未　1739 年　十六岁

读书于生云精舍。

乾隆五年　庚申　1740 年　十七岁

自京归,应童子试。

结婚,娶东光县望族、时任城武县知县的马永图之女。

乾隆七年　壬戌　1742 年　十九岁

在京师,从董邦达读书。

乾隆八年　癸亥　1743 年　二十岁

十二月二十七日,长子汝佶生。汝佶,乾隆乙酉举人,早卒,有《半舫诗钞》。《阅微草堂笔记》附录《纪汝佶六则》。

乾隆九年　甲子　1744 年　二十一岁

读书外舅马周篆家,得读《马氏家乘》。

是年,在河间应科试。

乾隆十年　乙丑　1745 年　二十二岁

冬,在河间应岁试。

乾隆十二年　丁卯　1747 年　二十四岁

三月,天津张氏未嫁夫死,自溺以殉。撰《张烈女诗》。

秋,顺天乡试,作《拟赐宴瀛台联句并锡赉谢表》《诚五常之本百行之源也论》。名列第一,与朱珪同榜。正考官为阿克敦,副考官为刘统勋,房师为孙端人。

九月十三日,次子汝传生。

乾隆十三年　戊辰　1748 年　二十五岁

是年,有《瓦桥关》诗,对南宋理学颇有微词。

乾隆十四年　己巳　1749 年　二十六岁

在京师,为应礼部试,与钱大昕、卢文弨及从兄纪昭等,结为文社,商榷制义。与诗人宋弼等交往密切。

乾隆十五年　庚午　1750 年　二十七岁

四月,母张太夫人卒,旋丁内艰。

秋,内子归宁,触景伤怀,作《送内子归宁》诗。

秋,作《食枣杂咏六首》。

编纂《玉溪生诗说》。

乾隆十六年　辛未　1751 年　二十八岁

是年,为应礼部试,在京师习制义。

乾隆十七年　壬申　1752年　二十九岁

七月,小集宋蒙泉(弼)家。在座有聂松岩(际茂)、法南野、田白岩(中仪)、宋清远(蒙泉之父)。偶谈狐事,松岩、南野、白岩、清远各讲一段狐仙故事。

乾隆十八年　癸酉　1753年　三十岁

与宋弼共阅《长河志》,宋以所作《州乘余闻》见示,为题二绝句。

乾隆十九年　甲戌　1754年　三十一岁

是年,成进士,改庶吉士。是科总裁为大学士陈世倌、礼部侍郎介福、内阁学士钱维城。同考官为詹事府中允孙人龙。同榜者有王鸣盛、王昶、朱筠、钱大昕、姜炳璋、王士菜等人。

夏,姜炳璋持史雪汀《风雅遗音》相赠。

父容舒姚安知府任满自云南归,自此终养不复出。

是年,撰有《圣驾东巡恭谒祖陵赋》《拟修葺两郊坛宇及先农坛告成谢表》《拟修定科律诏》《拟请重亲民之官疏》《本天本地论》。

乾隆二十年　乙亥　1755年　三十二岁

结识戴震,两人开始了二十余年的交往。

与王鸣盛邻居,交往甚欢,以诗相酬。

编定《张为主客图》,友朋传阅,甚为赞赏。

是年,父容舒刊订《景城纪氏家谱》。

是年,有《平定准噶尔赋》。

乾隆二十一年　丙子　1756年　三十三岁

是年,官庶吉士。

夏,刊刻戴震《考工记图》,并作《考工记图序》。

秋,与钱大昕总纂《热河志》,扈从热河。途中恭和御制诗进呈,天语嘉奖。由此馆中有"南钱北纪"之目。

扈驾滦阳,从猎木兰围场,写了大量恭和诗:《恭和御制秋日奉皇太后幸口外行围启跸之作元韵》《恭和御制怀柔县元韵》《恭和御制遥亭行宫对雨三首元韵》《恭和御制出古北口咏古元韵》《恭和御制至避暑山庄即事元韵》《恭和御制晚荷元韵》《恭和御制热河启跸之作元韵》《恭和御制山店元韵》《恭和御制朝岚元韵》《恭和御制都尔伯特台吉伯什阿噶什来觐,封为亲王诗以纪事元韵》《恭和御制入崖口元韵》《恭和御制雨猎元韵》《恭和御制九月朔日元韵》《恭和御制霜元韵》《恭和御制行围即事元韵》《恭和御制九日侍皇太后宴并赐内外王公诸臣食,即席得句元韵》。

乾隆二十二年　丁丑　1757年　三十四岁

散馆,授编修,旋办院事。

从兄纪昭成进士。

撰《沈氏四声考》二卷,断定陆法言《切韵》"实窃据沈约而作者也"。

乾隆二十三年　戊寅　1758年　三十五岁

秋,好友田中仪卒,作《哭田白岩四首》。

乾隆二十四年　己卯　1759年　三十六岁

正月二十日,作《书张氏重刊广韵后》。

正月二十五日,阅《通考》所载《五音韵谱》前后二序,作《书毛氏重刊说文后》。

二月,撰《沈氏四声考序》。

六月,《唐人试律说》脱稿。七月,作《唐人试律说序》。言为律诗者,先辨体,次贵审题,次命意,次布格,次琢句,而终之以炼气炼神。

夏,始卒读史雪汀《风雅遗音》。《审定风雅遗音序》曰:"己卯夏,始卒读之,叹其用心精且密。""独惜其不知古音,故叶韵之说多舛误;又门目太琐,辨难太激,于著书之体亦微乖。"故退食之暇,重为编录。删繁就简,弃瑕取瑜,去取之间,多与戴震商讨。较之原书,更为完备。

七月,充山西乡试正考官。撰《乾隆己卯山西乡试策问三道》。

乾隆二十五年　庚辰　1760年　三十七岁

充会试同考官。李文藻、刘全之等,为其所取士。

七月,因科举方增律诗,为儿辈讲授唐人试律及本朝馆阁佳作。

九月,覆阅《唐人试律说》刊本,字多讹误,重为点勘,又随笔更定十余处,将再付剞劂,跋其尾。

有《书韩致尧翰林集后》,继而点阅《香奁集》,作《书韩致尧香奁集后》《书八唐人集后》。

乾隆二十六年　辛巳　1761年　三十八岁

七月,编定《庚辰集》。十月十日,作《庚辰集序》:"余于庚辰七月,闭户养疴,惟以读书课儿辈。时科举方增律诗,既点定《唐试律说》,粗明程式;复即近人选本,日取数首,讲授之。阅半岁余,又得诗二三百首。儿辈以作者登科先后排纂成书。适起康熙庚辰,至今乾隆庚辰止,因名之曰《庚辰集》。""其初但有评点,既而儿辈考询字义,呶呶然不胜其烦。因与及门李子文藻、吴子钟侨、张子天植、孟子生蕙等,检阅诸书为之注。"

开始评阅方回《瀛奎律髓》。

是年,以京察一等,道府记名,充庶吉士小教习、方略馆总校。

在翰林院,八九英俊与同馆争名相轧,同中蜚语,曹学闵挺身而出,为之解围。

乾隆二十七年　壬午　1762 年　三十九岁

闰五月二十四日,《庚辰集》剞劂既竣,再为序云:"六十年馆阁之诗,益以试卷行卷,仅钞二百余首,不亦隘乎？二百余首之诗,注至十七万余言,不亦冗乎？夫论甘忌辛,是丹非素,江文通固尝讥之。然论一代之诗,则务集众长;成一家之书,则务各守其门径。彭阳《御览》,但取华赡;次山《箧中》,但取古朴。彼岂谓唐代佳篇尽括于是耶？我用我法,自成令狐、元氏之书尔。""此书虽训释太繁,可已不已,然使初学之士,一以知诗家一字一句必有依据,虽试帖小技,亦不可枵腹以成文。"

六月,从座师钱茶山(维城),借得陈氏《后山集》。因杂取各书,钩稽考证,粗正其十之六七。

秋,充顺天乡试同考官。是科得朱子颖,特赏其诗之秀逸;王金英,才力稍弱,然秀削不俗,颇近宋末四灵。

十月初八,出都,受命视学福建。及门弟子刘权之、诸重光、孟生蕙等为其送行,作《留别及门诸子》诗。

十一月初一,渡黄河。年底至福建。著《南行杂咏》一卷。

乾隆二十八年　癸未　1763 年　四十岁

任福建学政,升侍读。

是年,有《题黄莘田砚》《上杭人以竹黄制器颇工洁癸未冬按试汀州偶得此篮戏题小诗二首》。

乾隆二十九年　甲申　1764 年　四十一岁

是年,重修《大清一统志》。

编定《后山集钞》,自为序,书于福州使院之镜烟堂。

八月二十五日,父卒,旋丁忧北归。

作《自闽回里筑对云楼成偶题》,又作《题从侄虞惇试帖》诗。自注云:"试帖多尚典赡。余始变为意格运题,馆阁诸公每呼此体为纪家诗。"

乾隆三十年　乙酉　1765年　四十二岁

四月,奉讳里居。

七月,在京师,作《重修马氏家乘序》。

秋,长子汝佶举于乡。始稍治诗,古文尚未识门径。

是年,作《岁暮怀人各成一咏》,凡八首,咏八人。自注:德州宋编修弼、景州李孝廉基塙、曲阜颜明经懋侨、任丘边征君连宝、景州申广文诩、任丘李庶常中简、江南团副车昇、舅氏沧州张公拱乾。

乾隆三十一年　丙戌　1766年　四十三岁

是年,服丧里居。

五月,开始评点《苏文忠公诗集》。

七八月间,门人李文藻致书,求为其先人撰墓志铭。

九月二十七日,第三子汝似生。

续修《纪氏家谱》,并撰《景城纪氏家谱序例》。除此之外,尚有《渠阳王氏世系考序》《河间孔氏族谱序》《棠樾鲍氏宣忠堂支谱序》《汾阳曹氏族谱序》等。这些序文,探讨了谱牒之源流、意义、体例等问题,反映了其对谱牒之学的见解。

编成《删正帝京景物略》,并为之作序、跋。

乾隆三十二年　丁亥　1767年　四十四岁

服阕赴京,补翰林院侍读,充日讲起居注官,晋左庶子。

因虎坊桥旧宅未赎,暂住钱香树空宅中,作题壁诗二首。

正月,受诏续修郑樵《通志》。裘日修以郑夹漈砚赠之。铭其砚曰:"惟其书之传,乃传其砚。郁攸乎予心,匪物之玩。"

乾隆三十三年　戊子　1768年　四十五岁

二月,补授贵州都匀府知府,上以学问素优,外任不能尽其所长,命加四品衔,留任左春坊左庶子。

四月,擢翰林院侍读学士。

春,题诗《蕃骑射猎图》。八月即从军西域,以为诗谶。

六月二十四日,为江南乡试副考官。

七月,因两淮盐运使卢见曾获罪,有旨籍其家。因徇私漏言,革职戍乌鲁木齐。

八月,从军西域。

冬十月,行旅乌鲁木齐途中,作《杂诗三首》。

路过陕西时,曾在同年谢宝树处小住,作《题同年谢宝树小照》诗。

乾隆三十四年　己丑　1769年　四十六岁

是年,在乌鲁木齐,鞅掌簿书。

五月至十一月,李文藻以谒选居京师,其间多次至纪晓岚家,并为之检曝书籍。得见其所著《周易述》《易汉学》《周易本义辨证》《左传补注》《古文尚书考》等。

七月,业师礼部尚书董邦达卒。

乾隆三十五年　庚寅　1770年　四十七岁

在乌鲁木齐,佐助军务。

夏,为将军巴彦弼具奏稿上之,释戍役单丁为民者六千余人。

十二月,高宗下谕赐还。

乾隆三十六年　辛卯　1771年　四十八岁

二月,治装东归。旅馆孤居,昼长多暇,乃追述风土,兼叙旧游,自巴里坤至哈密,得诗一百六十首,命曰《乌鲁木齐杂诗》,自为序。

六月,至京师。钱大昕跋《乌鲁木齐杂诗》曰:"读之,声调流美,出入三唐,而叙次风土人物,历历可见。""它日采风谣、志舆地者,将于斯乎征信。夫岂与寻常牵缀土风者同日而道哉!"

八月,《纪评苏轼诗集》编成。序曰:"余点论是集,始于丙戌之五月。初以墨笔,再阅改用朱笔,三阅又改用紫笔。交互纵横,互相涂乙,殆模糊不可辨识。友朋传录,各以意去取之。续于门人葛编修正华处,得初白先生手批本;又补写于罅隙之中,亦缪辀难别。今岁六月,自乌鲁木齐归。长昼多暇,因缮此净本,以便省览。"道光十四年十二月,涿州卢坤为之序,曰:"至于苏诗,五易本而后定,盖尤审也。余既刻公所评《文心雕龙》《史通》二种,复梓是集,为读苏诗者得津梁焉。"

八月初六日,评阅《文心雕龙》毕,记年月日于十卷末。

九月,作《海棠诗》,怀念四叔母婢女文鸾。

十月,高宗幸热河。回銮,迎至密云,作《御试土尔扈特全部归顺诗》以进。得旨优奖,复授编修,再入翰林。

皇太后生日,作《皇太后八旬万寿天西效祝赋》。

十二月,撰《瀛奎律髓刊误序》。以为"其书非尽无可取,而骋其私意,率臆成编,其选诗之大弊有三:一曰矫语古淡,一曰标题句眼,一曰好尚生新"。其论颇精彩,可为选家之鉴。

乾隆三十七年　壬辰　1772年　四十九岁

正月初七日,删浦起龙注《史通》,命曰《史通削繁》,自为序曰:"刘氏之书,诚载笔之圭臬也。顾其自信太勇,而其立言又好尽,故其抉摘精当之处,足使龙门失步、兰台变色,而偏驳太甚、支蔓弗剪者亦往往有之,使后人病其芜杂,罕能卒业。并其微言精义,亦不甚传则不善用长之过也。注其书者凡数家,互有短长。浦氏本最为后出,虽轻改旧文,是其所短,而诠释较为明备。偶以暇日,即其本细加评阅,以授儿辈。所取者记以朱笔,其纰缪者以绿笔点之,其冗漫者又别以紫笔点之。除二色笔所点外,排比其文,尚皆相属,因钞为一帙,命曰《史通削繁》,核其菁华,亦大略备于是矣。"又撰《书浦氏史通通释后》,以为"浦氏此注,较黄氏本为详,所评亦较黄为精审。惟轻改正文,及多作名士夸诈语,是其所短耳"。

十月,座师刑部侍郎钱维城卒,谥文敏。

乾隆三十八年　癸巳　1773年　五十岁

开四库全书馆,选翰林院官专司纂辑。经大学士刘统勋举荐,充纂修官。

举荐周永年、戴震、余集修《四库全书》,入翰林。

十一月,补侍读。有《与陆锡熊同被恩命升授翰林院侍读呈请奏谢折子》。

刘统勋卒,谥文正;裘曰修卒,谥文达。

乾隆三十九年　甲午　1774年　五十一岁

在《四库全书》总纂任。

三月三日,与陆锡熊、翁方纲、朱筠、林澍蕃、姚鼐、程晋芳、任大椿、周永年、钱载等三十九人,举修禊故事,且集于曹学闵斋中。

五月十四日,有《进呈书籍蒙赐内府初印佩文韵府呈请奏谢折子》。

七月二十五日,上谕于《四库全书总目提要》之外,令其另刊《简明书目》一编。

十月,以次子汝传诘逋负罣,议降调,诏改降三级留任。

边连宝卒。

是年,有《醉钟馗图为曹慕堂同年题》《题曹慕堂宗丞所藏乩仙山水》诗。

乾隆四十年　乙未　1775 年　五十二岁

诗人黄仲则入都,折节与交。

姚鼐辞《四库全书》纂修官,南归。

是年,有《寄示闽中诸子六首》。

乾隆四十一年　丙申　1776 年　五十三岁

正月,擢侍读学士。

作《平定两金川雅》《平定两金川颂》,颂扬乾隆皇帝的功德和圣明。

充文渊阁直阁事。

乾隆四十二年　丁酉　1777 年　五十四岁

正月初四,与曹学闵、曹文埴、王昶小集。王昶有诗记之。

五月二十七日,戴震卒于京师,年五十五岁。

十月二十九日,高宗命以哈密瓜赐四库全书馆诸臣。与陆锡熊、陆费墀、翁方纲、朱筠、周永年、余集、程晋芳、汪如藻、励守谦等一百五十四人联句,作《恩赐四库全书馆哈密瓜联句恭纪一百五十四韵》。

馆臣校书错误,部议其罪,以特旨免。

伯兄晫卒,年七十二。

是年,有《翰林院侍讲寅桥刘公墓志铭》《交河县岁贡生友菊苏公合葬墓志铭》。

乾隆四十三年　戊戌　1778 年　五十五岁

五月二十六日,奉上谕,各总裁严饬馆臣悉心校刊,勿得再有舛误。

是年,撰《书吴观察家传后》。

乾隆四十四年　己亥　1779 年　五十六岁

二月,朱珪充四库全书馆总阅官。

三月,擢詹事府詹事。

四月,擢内阁学士,总理中书科。至是始出翰林。

是年,将钱大昕撰《曹全碑跋尾》一条,著于《四库全书总目》。翁方纲有诗记之。

是年,第一份《四库荟要》成。

乾隆四十五年　庚子　1780 年　五十七岁

正月,高宗五巡江浙。晓岚撰《五巡江浙恩纶颂》。

高宗七旬万寿,晓岚撰《七旬万寿赋》。

六月,撰《明懿安皇后外传》。

九月,奉命与陆锡熊、陆费墀、孙士毅等,修《历代职官表》,书成,列入《四库全书》。

高宗赐御书玉屏拓本。

是年,撰《日华书院碑记》。

乾隆四十六年　辛丑　1781 年　五十八岁

朱筠卒。挽之曰:"学术各门庭,与子平生无唱和;交情同骨肉,俾余后死独伤悲。"

三月,撰《山西按察使司按察使曙海袁公墓志铭》。

乾隆四十七年　壬寅　1782 年　五十九岁

正月,第一份《四库全书》告成,贮于文渊阁。

二月,以《四库全书》成,上御文渊阁赐宴并赏赉有差。

授兵部右侍郎,仍兼直阁事。

七月,第一份《四库全书》既成,撰《钦定四库全书告成恭进表》。

七月十四日,命四库馆总裁,督同总纂修《河源纪略》一书。与彭元瑞、陆费墀、陆锡熊、吴省兰、任大椿、王念孙等皆预其役。

秋,平原董元度(号曲江)将东归。与翁方纲、方昂饯之于城南东湖柳村之崇效寺,相和为歌诗。

十一月,第二份《四库全书》告成,贮于盛京文溯阁。

作《汪水部启淑绵潭山馆十咏》。四库馆开,汪启淑献书六百种以上。

《四库全书总目》二百卷勒成。仁宗颙琰评价其"学问淹通。办理《四库全书》始终其事,十有余年,甚为出力"。

乾隆四十八年　癸卯　1783年　六十岁

六月十五日,翁方纲作《纪晓岚少司马六十寿诗二首》。

是年,转兵部左侍郎。

第三份《四库全书》告成,贮于文源阁。

梁章钜祖父天池八十寿,撰《梁天池封翁八十序》。

撰《河南开归管河兵备道德圃王公合葬墓志铭》。

乾隆四十九年　甲辰　1784年　六十一岁

春,充会试副考官。撰《乾隆甲辰会试策问三道》《甲辰会试录序》《甲辰会闱初定草榜偶作二首》《定榜后题所取未中诸卷》。

三月,洪亮吉应礼部会试。奇赏洪卷,必欲置第一,并于卷尾赋《惜春词》六首寄意。

是年,知武会试贡举。

十一月二十七日,第四子汝亿生。

冬,第四份《四库全书》告成,贮于文津阁。

有《恭谢六巡江浙蠲免直隶山东经过地方额赋并豁顺天十二府州属旧借仓谷折子》《恭谢六巡江浙喜得玄孙直隶山东老民老妇一体赏赉复因二省缺雨军流以下递予减等折子》。

乾隆五十年　乙巳　1785 年　六十二岁

正月初六,上御乾清宫赐千叟宴。作《乙巳正月预千叟宴恭纪八首》《千叟宴诗一百韵》。

撰《翰林院侍讲荫台王公墓志铭》《直隶枣强县知县寓圃任公墓志铭》。

乾隆五十一年　丙午　1786 年　六十三岁

汪辉祖在京期间,作《汪氏双节诗》以赠。

六月,有砚铭:"如星夜聚,眹眹其光。或疏或密,或低或昂。是为自然之文章。"

七月二十四日,作《书张氏重刊广韵后》。

撰《怡轩老人传》。

乾隆五十二年　丁未　1787 年　六十四岁

正月,迁礼部尚书,充经筵讲官。

三月,《四库全书》续缮三部告成。

四月二十一日,为殿试读卷官。

乾隆驻跸山庄,偶阅文津阁《四库全书》,发现错谬甚多。与陆锡熊俱受处罚,分赔装订、挖改工价。

冬,因校勘《四库全书》至避暑山庄。

十二月八日,同年曹学闵卒。撰《曹宗丞逸事》,述其伤悲。

管鸿胪寺印钥。

撰《御制题明朱载堉琴谱乐律全书恭跋》。

乾隆五十三年　戊甲　1788年　六十五岁

赐紫禁城骑马。

秋,以校勘《四库全书》至避暑山庄。

在避暑山庄覆校文津阁书,奏陈校勘结果及赔罚意见。

好友郭可典著《鹳井集》,为之撰《鹳井集序》。

王昶外迁江西布政使,离京前夕,邀在京同年夜集,为其饯行。

以所藏《顺治十八年缙绅》一函,请法式善题跋,并撰《复法时帆祭酒书》。

乾隆五十四年　己酉　1789年　六十六岁

夏,以校勘《四库全书》至避暑山庄。成《滦阳消夏录》六卷,缮竟附题二首。

六月,任大椿卒。

九月二十一日,充武会试正考官。

是年,撰有《礼部奏进御笔太常仙蝶诗拓本折子》《宣示御制补咏安南战图六律并序覆奏折子》《恭谢恩缓保定河间府属十四州县积欠折子》《经筵御论恭跋》《御制耕耤禾词恭跋》《御制至避暑山庄即事得句恭跋》《户部陕西司员外郎季荀马公墓志铭》。

乾隆五十五年　庚戌　1790年　六十七岁

三月十八日,撰《祭四叔母文》。

五月十三日,六月,十一月,腊月,皆有砚铭。

梁章钜《楹联续话》:"程春庐曰:乾隆五十五年,恭值八旬万寿,京中有一经坛灯联,极典丽,又极浑成,竟如天造地设者。句云:'八千为春,八千为秋,八方向化八风和,庆圣寿八旬逢八月;五数合天,五数合地,五世同堂五福备,正昌期五十有五年。'相传为纪文达师手笔,益信非吾师不能也。"

是年，撰有《八旬万寿锦屏赋》《蛮陬贡象颂》《礼部恭请举行万寿圣节庆典事折子》《恭谢八旬万寿升秩岱宗展仪阙里直隶广学额免积欠加赈一月折子》《祝釐茂典记》《御制节前御园赐宴席中得句恭跋》《御制寿民诗恭跋》《御制云贵总督富纲奏缅甸国长孟陨遣使祝釐并乞封号诗以赐奖恭跋》《御制八征耄念之宝记恭跋》。

乾隆五十六年　辛亥　1791年　六十八岁

正月，为左都御史，刘墉为礼部尚书。

四月二十五日，侍姬沈明玕卒。

七月，作《书蒋秋吟考具诗后》。

七月二十一日，撰《如是我闻序》。

夏，作《书李杏浦总宪年谱后》。

十一月，作《宣示御制石刻蒋衡书十三经于辟雍序覆奏折子》。又有《恩赐御制石刻蒋衡书十三经于辟雍序墨本恭谢折子》。

乾隆五十七年　壬子　1792年　六十九岁

四月，以校勘《四库全书》至避暑山庄。撰《逊斋易述序》。

六月，自序《槐西杂志》。

八月，复迁礼部尚书，仍署左都御史。

十二月，奏请考试《春秋》，不用胡安国传，以后《春秋》题，俱以《左传》本事为文。

畿辅岁歉，饥民亦多就食京师者，故上奏。

乾隆五十八年　癸丑　1793年　七十岁

五月，作《自题桐阴观弈图》诗。

七月二十五日，《姑妄听之》四卷成，自为序。十一月，门人盛时彦为之跋,评价了纪晓岚的创作,并引述其议论,揭示其思想,此文是研究"笔记"和"志异"的重要文献。

冬,作《题陆耳山副宪遗像》诗。

撰《周易义象合纂序》。

乾隆五十九年　甲寅　1794年　七十一岁

三月,考试教习,作《甲寅三月考试教习柬同事冶亭云房二宗伯古愚司寇》诗。

春,应朝鲜贡使通文馆教授金成中之请,作《李参奉诗钞序》。称李诗"真诗人之诗矣。大抵自郊、岛导源,而冥心孤诣,摆脱蹊径。其秀拔者,有尘外之致,其萧疏淡远者,有弦外之音"。

冬,结识朝鲜冬至正使,判中枢府事洪良浩,作《耳溪诗集序》。不久,又作《耳溪文集序》。称洪诗为"诗人之诗",异乎"词人之诗";其文"大旨则主于明道",而"惟探本于六经"。

是年,作《黎君易注序》,进一步阐明自己的易学观点,力辨汉宋儒术之是非。不满学术界的各立门户,党同伐异。

伊秉绶辑其砚铭草稿,装之成册。赵怀玉次韵题后。

是年,撰有《都察院左都御史杏浦李公合葬墓志铭》《德宏王公合葬墓志铭》《刘文定公配许夫人墓志铭》。

是年,撰有《恭谢巡幸天津,分别蠲免经过地方并所属州县积欠折子》《恭谢恩缓直隶一百七州县新旧额赋仓谷折子》《恭谢恩恤直隶八十三州县贫民分别赈借口粮折子》《恭谢恩命截漕拨帑筹备直隶赈务折子》《恭谢恩谕直隶总督实心赈恤正定等府属被水州县折子》《恭谢恩免河间天津各属积欠官修大明元城民堤,赏给所借籽种折子》《恭谢恩加银米赈恤直隶并免三十三州县积欠折子》,凡七篇。这些奏折,体现了其关心时政、为民请命的人文情怀。

乾隆六十年　乙卯　1795年　七十二岁

正月初九,高宗御重华宫,召大学士及内廷翰林等茶宴,命皇子皇孙与宴和诗,以"洪范九五福之五曰考终命"联句。复成二律原韵。

四月初八,原配马氏卒。

四月,以礼部尚书兼署左都御史。

覆勘会试卷,复充殿试读卷官。著《我法集》二卷,自为序。

冬,结识朝鲜进贺副使徐有功(字明皋),作《明皋文集序》。

青年诗人张腾蛟(字孟词),乙卯会试甫中进士,未及殿试而卒于京师。为之撰挽联云:"和璧虽珍终抱璞,禹门已上未成龙。"画家伊秉绶为之绘像。作《题张孟词进士遗照》诗。

是年,编纂《八旗通志》。仿《汉书·艺文志》例,搜求《四库》之遗籍,隋珠和璧,多得诸蠹简之中。

是年,撰有《恭谢恩加展赈直隶二十四州县折子》《恭谢恩缓直隶上年被水州县春季新赋折子》《恭谢恩免直隶五十二州县积欠旗租折子》《月山诗集序》《郭茗山诗集序》。

清仁宗嘉庆元年　丙辰　1796年　七十三岁

正月初一,高宗御太和殿,亲授皇帝之宝于太子,皇太子即皇帝位,尊高宗为太上皇帝。授受礼成,进《迈古论》一篇,贮之玉匣,以备陈设。

正月初四,仁宗侍太上皇帝御宁寿宫皇极殿,举行千叟宴,撰《嘉庆丙辰正月再预千叟宴恭纪四首》以贺。

正月初五,嘉庆"皇帝奉太上皇帝茶宴重华宫联句"以砚赐之。

颁朔时,向朝鲜来使边君,询问朝鲜国相洪良浩近状。有《寄怀洪良浩》诗一首。

春,充会试正考官,撰《嘉庆丙辰会试策问五道》。其中以文学批评史策士,自属创格。"晓岚对于文学批评之贡献,最大者在其对于此科,独具史的概念,故上下千古,累累如贯珠。"(朱东润《中国文学批评史大纲》)以会试总裁,撰《丙辰会试录序》,论及科举制义文体演变。又作《嘉庆丙辰典试春闱呈同事诸君子》诗二首。

是科所取士,关系最密者,有陈鹤、汪德钺、赵慎畛、龚丽正、汪守和等。陈鹤为《纪文达公遗集》作序。龚丽正曾请他为其父敬身撰墓志铭。赵慎畛、汪德钺颇为其所赏识。

六月十五日,邵晋涵卒。

六月,调兵部尚书,作《调补兵部尚书谢恩折子》。

七月,孙士毅卒,谥文靖。

七月,撰《兵部尚书刘恪简公合葬墓志铭》。

九月,刑部左侍郎李封卒,撰《前刑部左侍郎松园李公墓志铭》。

秋,学者桂馥出任云南永平县知县。作《送桂未谷之任滇南》诗。

十月,丙戌,调为左都御史。

撰《伯兄晴湖公墓志铭》。这篇传记,对了解纪晓岚的家庭及其本人的身世、性情,均有裨益。

又撰《祭理藩院尚书显庭留公文》《铁冶亭玉阆峰两学士联床对雨图》《题蒋秋吟保阳诗后》。

嘉庆二年 丁巳 1797年 七十四岁

六月,撰《刑部河南司员外郎前江苏按察使司按察使检斋王公墓志铭》。

八月二十日,迁礼部尚书。

大学士阿桂卒。

八月,有砚铭。

秋,观菊于积庆亭家。庆亭出其祖父静逸经义数十首相示。作《积静逸先生经义序》。

秋，汪德钺作《周易反对互图》，并绘《蕉窗读易图》一帧。为之作《题汪锐斋蕉窗读易图》五言长诗一首。

桂馥以《簪花骑象图》见寄，为之作《桂未谷簪花骑象图》诗。

是年，有《怀朝鲜洪良浩》诗，《奉命诠解洛神赋语覆奏折子》。

嘉庆三年　戊午　1798 年　七十五岁

二月初八，与同人小集城南，次韵为诗。诗题为《戊午二月八日同人小集。梁春淙大司寇年八十二，赵鹿泉少宰年七十二，吴白华少宰、韩兰亭少司农、蒋霁园大廷尉俱年七十，金听涛大司马年六十九，卫松厓侍御年六十八，蒋戟门少司农、熊蔚亭少司寇俱年六十五，庆丹年大司马、刘竹轩少司农俱年六十四，汪时斋中丞年六十二，莫青友大京兆年五十六，宜桂圃少司农年五十二，余年七十五，合一千零四岁。竹轩记之以诗，因次其韵》。

五月，扈从滦阳。撰《田侯松岩诗序》。

七月，《滦阳续录》六卷成，自为序。

八月，撰《振斯张公墓志铭》《内务府郎中黄钟姚公墓表》。

是年四月，长至前三日，十月，皆有砚铭。其一砚背铭曰："此迦陵先生之故砚。伯恭司成以赠石庵相国，余偶取把玩，相国因以赠余。迦陵四六，颇为后来所嗤点。余撰《四库全书总目》力支拄之。毋乃词客有灵，以此示翰墨因缘耶？嘉庆戊午十月，晓岚记。"

嘉庆四年　己未　1799 年　七十六岁

二月初九日，奉命充高宗实录馆副总裁。

三月十四日，为门人汪德钺讲授诗之源流派别，并出示高祖厚斋诗稿，命汪题跋。汪作《纪厚斋先生诗跋》。

四月，尹壮图归籍。临行，为母八十寿辰预乞序。撰《尹太夫人八十序》。

四月二十日，为殿试读卷官。

十月初六日，为武会试正考官。阅卷，作《己未武会试阅卷，得诗四首》。又撰《己未武会试录序》。

是年，门人伊秉绶出守广东惠州，作《题卢沟折柳图，送伊墨卿出守惠州》诗赠别。

是年，孙纪树馨由荫生选授刑部江西司员外郎。有谢恩折子。

是年，戈源卒。挽之云："元、白旧同年，紫陌寻春，犹记初登向喜宴；朱、陈原共往，黄泉哀逝，竟谁续画比肩图。"又作《戈太仆传》，存其生平行事之大端。

嘉庆五年　庚申　1800年　七十七岁

正月，兵部尚书金士松卒，谥文简。撰《兵部尚书金文简公合葬墓志铭》。

三月，有砚铭。

闰四月，撰《江苏布政使司布政使坳堂方公墓志铭》。

八月，《阅微草堂笔记》五种，二十四卷，编定刊行。门人北平盛时彦为序。

九月，云南迤南兵备道龚敬身卒。寄挽联云："地接西清，最难忘枢密院旁，公余茶话；恩深南徼，惜空留昆明池畔，去后棠阴。"

为朝鲜医学著作《济众新编》作序。

应甲戌同年姜炳璋之孙之请，作《诗序补义序》。此序对《诗经》研究史的源流派别，条分缕析，辨非论是。

嘉庆六年　辛酉　1801年　七十八岁

十月朔，撰《直隶遵化州知州鼎北李公墓表》。

是年，侍郎童鹤街卒于学使任。作《鹤街诗稿序》。

十一月初八日，为会典馆副总裁官。

长至前六日，八月三十日，十月，凡四次题砚。

嘉庆七年　壬戌　1802 年　七十九岁

三月，充会试正考官。撰《壬戌会试录序》。该序阐明了是科取士的原则及衡文的标准，论述了八股取士的发展演变，对于研究科举制度史，颇有参考价值。

撰《嘉庆壬戌会试策问五道》。又有《壬戌会试阅卷偶作》诗。

七月，大学士王杰予告归里。作《韩城相国予告归里赋诗留别，即次原韵》诗二首。

是年，撰有《大学士六部尚书奉旨议奏安南国长阮福映请赐名南越折子》《恭谢恩抚直隶灾区分别蠲缓各项应征租赋仓谷折子》《恭谢恩减秋狝木兰经过地方额赋折子》。

是年，二月朔日，三月三日，四月，长至日，七月二十八日，八月，皆有砚铭。

嘉庆八年　癸亥　1803 年　八十岁

正月，铁保由广东巡抚调任山东巡抚。作《冶亭巡抚山东寄余淄石砚戏答以诗》。

二月，撰《四百三十二峰草堂诗钞序》。以为赵渭川诗"根柢眉山，而精思陶冶，如花酿蜜，如黍作酒，得其神不袭其貌，卓然自为一家，天下之善学苏者，盖莫君若"。又论及七子、公安、竟陵诗派。

春，偶见赵渭川新修《安阳县志》，赏其"体例谨严，考证详确"，欣然作《安阳县志序》。

四月初二日，上谕，以高宗御制诗文，及续办《方略》《纪略》等书，应续缮于《四库全书》内。初七日，奉命将应入各书，开单呈览，并拟出应办事宜十条。

六月十五日，八十寿辰。仁宗颁赐珍品。作《六月十五日八十生辰特命署上驷院卿常贵颁赐珍品谢恩折子》。

寿辰之日,门人汪德钺作《纪晓岚师八十序》,盛赞其德行。

六月,有《命署兵部尚书并教习庶吉士谢恩折子》。

九月戊申,彭元瑞卒,谥文勤。撰挽联云:"包罗海岳之才,久矣,韩文能立制;绘画乾坤之手,惜哉,尧典未终篇。"

公疾。仁宗命军机章京富绵率医官王召恩视之。

是年,撰有《礼部议奏山东巡抚疏请增设左丘明世袭五经博士折子》《请敕下大学士九卿科道详议旌表例案折子》《书刘石庵相国临王右军帖后》《御制辛酉工赈纪事序恭跋》《御制平定三省纪略恭跋》。

是年正月,二月三日,六月,七月,中秋前二日,十月,皆有砚铭。中秋前二日砚背铭曰:"石庵论砚贵坚老,听涛论砚贵柔腻,两派交争,各立门户。余则谓其互有得失,均未可全非。此砚即听涛之所取,亦乌可竟斥耶?是岁中秋前二日,观弈道人又记。"

嘉庆九年　甲子　1804年　八十一岁

二月初三,仁宗因高宗纯皇帝旧绪,临幸翰林院赐宴赋诗,仍用唐张说"东壁图书府"五律字为韵。分得"国"字。自注云:"乾隆甲子,臣年二十有一,闻词林荣被恩波,私心歆羡,今越六十年,竟得躬逢盛典,实为荣幸之至。"又作《端本导源论》,颂扬皇帝端本之治,导源之化。

十二月庚辰,刘墉卒,谥文清。

是年,有《孙树馨推升刑部陕西司郎中谢恩折子》。

是年,有《礼部议奏山东巡抚申辩前疏并另请增设汉儒郑玄世袭五经博士折子》。

是年正月,二月二日,三月六日,三月十一日,四月,五月十日,长至前四日,六月,七月,八月,九月,十月,冬至前三日,皆有砚铭。正月砚背铭曰:"花首称梅,果先数荔。惟其韵高,故其品贵。此故微矣,非色香味。可悟谈诗,不著一字。"二月砚背铭曰:"龙无定形,云无定态。形态万变,云龙不改。文无定法,是即法在。无骋尔才,横流沧海。""韩、孟云龙,文章真契。此非植党,彼非附势。渺渺予怀,慨焉一喟。"

嘉庆十年　乙丑　1805 年　八十二岁

正月二十六日,命以礼部尚书、协办大学士,加太子少保,并管国子监事。有谢恩折子。

正月,两次铭砚。

二月四日,与朱珪连骑入内阁,同上翰林院中堂任。

二月十日,病。十三日,朱珪过门视疾。

二月十四日酉时卒。

按:《纪晓岚生平与著述编年》,根据两种《纪晓岚年谱》编写而成。一是孙致中、吴恩扬、王沛霖、韩嘉祥校点的《纪晓岚文集》第三册附录的《纪晓岚年谱》,二是贺治起、吴庆荣的《纪晓岚年谱》。

跋

纪晓岚是我国清代著名的诗人、散文家、小说家，是学术史上极负盛名的编辑家、文献学家和乾嘉时期的杰出学者与重要政治人物，在诸多学术领域都卓有建树。同时，他在版本目录学、校勘学等诸多方面也有开拓性的成就。

作为当时政界和学界的风云人物，纪晓岚奉乾隆皇帝敕命领衔编纂《四库全书》，借时代之伟力，凭俯世之英才，具体策划、组织、实施了这项浩大的文化工程，还撰著了《四库全书总目》这样重要的历史文献，传承了传统文化，为中华民族的历史文化建设做出了不可磨灭的贡献。

从政为仕之外，纪晓岚知情兼胜、学才俱富，其诗赋之优美与其论著之精妙，相辉相耀，卓然名世，蜚声学林文坛。纪晓岚撰写范围极其广泛，如述论策问、书信传记、序跋书后、铭文碑记、楹联对子等，尤工笔记小说和诗赋，留下了《阅微草堂笔记》之《滦阳消夏录》《姑妄听之》《槐西杂志》《如是我闻》等一系列代表性著作，还有大量优美诗文和精绝对句传世，多方面展示了他才学的广博与精深。

《纪晓岚全集》选辑了纪晓岚在文学与学术方面的创作成果,以散文诗赋、笔记小说等为经,以杂著书信、奏折疏表等为纬,经之纬之,网罗其文学与学术瑰宝,既显示了纪晓岚在诸多学术领域中的丰硕成果,又展现了纪晓岚独特的治学方法。

纪晓岚的文学创作及学术著述之价值,始终受到著名学者的经典式评价,历世经年,学术界"纪学"研究始终未尝断脉。当下,"纪学"研究又在新的经济潮与文化潮汹涌之日不断升温。今人重新审视文化、国学,心仪膺服"纪学"。纪晓岚不仅是集传统文化之成的大师,也是众多领域文化薪火的传递者。

兹编《纪晓岚全集》,正是为了让人们对纪晓岚的文学及学术世界进行解读乃至延展而做出的微薄努力。本书收集了纪晓岚的文学创作、学术著述及其他杂著,多维度、全方位地展示了"纪学"的研究领域及学术成果,极具学术及收藏价值。

选编《纪晓岚全集》,我们面对的是纪晓岚学术的莽林溥原、奇山秀峰,欲折芳馨以献读者,但觉智不及、力不逮,错漏之处,尚乞读者教正。

杨钧

2019 年 10 月 23 日

后　记

　　纪晓岚博学多才，著述丰赡。搜集整理一部《纪晓岚全集》，是我们多年的心愿，经数年通力合作，终于完成了这项艰苦的工作。

　　本书由河北大学文学院院长、博士生导师刘金柱教授与杨钧专家主编。具体分工是：《阅微草堂笔记》《明懿安皇后外传》由刘金柱、周杰点校；《纪晓岚诗集》《纪晓岚文集》由刘金柱点校；《玉溪生诗说》《李义山诗集》《后山集钞》由刘福泉点校；《唐人试律说》由田小军、梁成龙点校；《庚辰集》由田小军、李晓艳点校；《删正二冯评阅才调集》《删正方虚谷瀛奎律髓》由周小艳、安攀点校；《审定风雅遗音》由于建松、杨沙点校；《沈氏四声考》由于建松、李远达点校；《纪评苏轼诗集》由刘金柱、秦双兰点校；《纪评文心雕龙》《张为主客图》由田小军点校；《史通削繁》由刘金柱、许启伟点校；《删正帝京景物略》由刘金柱、盘燕玲点校；《四库全书简明目录》由刘金柱、周小艳点校；《纪晓岚佚文》《纪晓岚佚诗》由沧州纪晓岚研究会李忠智、孙建、李兴昌、张寿山、周林华辑佚、点校；《阅微草堂砚谱》由刘金柱、孙建点校。河北大学文学院古代文学研究生张勇、吕海茹、杨艳峰,也为本书付出了大量辛苦劳动。

　　沧州纪晓岚研究会会长李忠智先生,在百忙中为本书作序,并将倾注多年心血搜集整理的《纪晓岚佚文》《纪晓岚佚诗》慨然相赠,这种无私奉献的精神,令我们十分感动!

　　纪晓岚涉猎经、史、子、集四部,其著述可谓博大精深。在点校的过程中,我们参考了大量的相关著作,从中吸收了知识的营养,请原谅我们未能一一列出。由于我们水平有限、条件有限,本书的点校难免有不妥之处,恳请读者批评、指正。

《纪晓岚全集》编委会